# L'existence amoureuse

DU MÊME AUTEUR
Chez le même éditeur

*L'expérience dépressive, la parole d'un psychiatre.*

*Paroles de la nuit lente.*

Yves Prigent

# L'existence amoureuse

*La passion et la durée*

DESCLÉE DE BROUWER

76 bis, rue des Saints-Pères, 75007 Paris
ISBN 2-220-03106-3

*Pour elle.*

*Ce chant est nourri par un Niagara calmé*
*Ce chant est tout entier pour toi.*

Henri Michaux, *Face aux verrous.*

*C'est toujours la première fois*
*Quand ta robe en passant me touche.*

Louis Aragon, *Le roman inachevé.*

... *L'amour est un véritable processus d'auto-organisation, comparable à ce que les théories modernes appellent en logique et biologie des « systèmes ouverts ».*

Julia Kristeva, *Histoires d'amour.*

# *Préface à l'existence amoureuse*

*D'ailleurs c'est bien simple : il n'y a pas d'autre sujet. Tout le reste ment. Les discours, les systèmes, les machineries diverses ne sont là que pour faire diversion, penser à autre chose. Mais autre chose c'est la mort. La « dépression », a dit naguère Yves Prigent. C'est ainsi que beaucoup, parmi nous, meurent avant de mourir et s'en étonnent. On va souvent d'étonnement en étonnement ici-bas.*

*Ce qui n'est pas étonnant par contre, c'est ce livre nouveau d'Yves Prigent. On voit mal de quoi il aurait pu parler une fois énoncé ce principe somme toute assez clair qu'en dehors du désir, il n'y a tout bonnement rien. Pas ce « rien » dont s'enchante la mystique et qui est tant de choses, non : rien comme une panne absolue, un coma gris, non évolutif. La moyenne générale. Mais trêve de néant ! L'existence amoureuse, donc. Comme il a eu raison, Yves Prigent, de ne pas se laisser intimider par ces voix qui ont dû lui chuchoter à l'oreille : mais enfin vous n'y pensez pas !* L'existence amoureuse : *non mais vous vous rendez compte ? Mais oui. Il faut bien dire qu'avec un titre pareil, il y a encore peu, Yves Prigent aurait été mis aux arrêts de rigueur.* L'existence ? *Et* amoureuse *de surcroît ? Votre compte est bon, suivez-nous. Prigent n'a pas suivi, et il a bien fait. Il avait de bonnes raisons : le psychiatre qu'il est connaît la cuisine, les nouvelles sorcelleries qui font fureur un peu partout. « L'élu de votre cœur », « celui, celle que vous attendiez », « le partenaire idéal », etc. Ça bat son plein, les vendeurs à la sauvette d'éternité pullulent, les comateux du désir se cherchent, il arrive qu'ils se trouvent : c'est là que les ennuis commencent. On se prend, on s'étripe, on se quitte, on revient : bref, on s'aime. Là-dessus des nuées de malentendus, un terrorisme subtil : l'amour-donc-la-fidélité-donc-l'harmonie : donc l'angoisse à la première faille. Le processus habituel avec son cortège de faux sourires, de mensonges érigés en sérénités conjugales. On croit que pour durer il ne faut pas se faire des histoires, moyennant quoi on s'écroule au premier vertige. Ce livre, qui ne se veut nullement démonstratif, apporte néanmoins sur ce point délicat quelques précieuses lueurs. L'Amour ? Peut-être, on en parle. Des histoires d'amour ? Alors là oui, certainement. La preuve d'ailleurs, c'est qu'on n'en parle pas mais qu'on en souffre. La littérature reprend tout ça en silence, avec le maximum souhaitable de détails : c'est son affaire à elle de nouer les fils. Prigent évoque la « lisse du tapissier », on ne saurait mieux dire. D'ailleurs, jugez vous-même. Puisqu'on vous le dit :* il n'y a pas d'autre sujet.

Michel CRÉPU

# 1. Préliminaires interrogatifs et préambule assuré

L'amour est-il durable ? Vivable ? Peut-il faire histoire ? Ces points d'interrogation, vivants crochets, accrochent, hameçons jetés dans le flux de la pensée ; questions qui me suivent et m'accompagnent depuis des mois, années peut-être : l'amour, le bel enfant, le beau marmot, le petit joufflu-dodu jouant de son arc et de ses flèches, naît-il viable ? Est-il autre chose qu'un bel éclair rose dans la nuit ordinaire, une petite ébriété vite dissipée dans l'amertume de l'aube, une courte accélération d'un cœur prompt à s'apaiser, une fête prodigue prestement éteinte dans la pingrerie du quotidien ? Le rideau qui isole le bougon solitaire, le miroir qui captive l'énamourée d'elle-même, toutes les bulles isolantes et les nuages cotonneux où chacun s'isole ne s'entrouvrent-ils sur un regard d'amour que le temps d'un battement de paupières ? L'histoire d'amour, le roman d'amour, la vie à deux, le déploiement dans toute une existence d'un sentiment, d'une ardeur inlassablement insistante, est-ce que ce sont vieilles lunes, contes à dormir debout, propos convenus, figures de style, courtoisie de civilisation, simple esthétique, rhétorique creuse de paroles verbales en consolation de l'hypothétique perte d'une éternité paradisiaque ?

Je ne vois pas d'autres questions qui m'importent comme celles-là, précisément parce que la réponse je l'ai, je crois l'avoir, depuis toujours, depuis la première accélération de mon cœur enfantin. J'ai oscillé dans bien des domaines, tourné bride devant quelques obstacles, tiré des traits sur des vérités pâlies. Sur la vocation à vivre de l'amour amoureux, sur sa capacité à galoper dans les grands espaces de l'existence, je suis resté buté, impavide. Je préfère, honnêtement, clairement, l'annoncer d'entrée de jeu : ceci n'est pas un ouvrage de recherches sur l'amour, mais un livre d'amour. Je ne saurais faire semblant d'adopter la démarche hypothético-déductive, le doute méthodique, la table rase cartésienne pour questionner, examiner, disséquer, le sentiment amoureux. Il me rirait au nez le joufflu aux pieds ailés ; il ficherait le camp ailleurs, il me planterait là avec mon microscope, mon scalpel et mes analyses. J'aurais honte de rhétoriser, théoriser, analyser sur cela qui me tient le cœur battant. Comme l'autre je trouve, j'ai trouvé, d'abord et depuis longtemps, et je cherche maintenant seulement.

Depuis quelques mois, j'arpente les chemins de la pensée sur l'amour. Je fréquente les connaisseurs, les poètes : Delteil, Aragon, Chardonne, Cadou ; j'interroge les savants : Freud, Lacan, Winnicott, Bion ; je flâne chez les rusés, les moralistes : Barthes, Stendhal, Chamfort, j'attrape ce que je peux chez les sages : Héraclite, Platon, Nietzsche, Spinoza. Et puis, récolte faite, miel en ruche, je cultive l'ingratitude, je m'applique à les oublier, à ne pas faire le faraud-craintif qui s'avance masqué derrière des citations. C'est là une bizarre enquête dont je n'attends pas de réponse, mais un effet de plaisir, une délectation. C'est une cueillette de fruits verts ou juteux qui parle avec acidité ou succulence de l'amour en toutes saisons : l'éclat de la floraison, l'arrondissement au premier soleil, l'engorgement de saveur dans le plein été, l'embaumement dans les greniers odorants de l'automne, la présence fidèle de ces concentrés de soleil tout au long de l'hiver.

Pourquoi alors rabâcher une certitude ? A quoi bon arpenter, penser, écrire, si l'amour pour moi, d'évidence certaine, est né pour vivre toute une vie comme fleurs et fruits, pour traverser les saisons ? Parce que j'aime à redire l'essentiel ; explorer mes délices ; éprouver la communauté de la pensée avec ceux qui ont su parler d'amour ; célébrer ce monde répandu et secret ; saluer les amoureux, mes semblables, mes frères, qui ont voulu faire leur lit, celui où on se couche comme celui où coule longuement le fleuve, de leur existence dans sa pleine étendue.

Et puis, il faut bien que je l'avoue : si je suis certain que l'amour c'est pour la vie en ses quatre saisons, j'éprouve une perplexité inquiète, désolée, devant ce qui advient souvent : les étiolements en terre aride, les dessèchements au premier gel, les pourrissements à la première pluie. Ça me gâche mon plaisir, l'amour râté, gâté, tous les misérables ratatinements du cœur. Alors je voudrais voir s'il n'y a pas comme un défaut, quelquefois, quelquepart : une de ces niaiseries catastrophiques dont l'espèce humaine a aussi le secret ; ou encore une sorte de méchanceté sans malice ; une méconnaissance plus ou moins innocente des conditions élémentaires pour que petit amour devienne grand.

Et puis après tout, peut-être que cela, que les amoureux et les pommiers savent de savoir naturel : l'habileté simple à traverser les saisons, d'autres auront désir et bénéfice à le voir mis en mots, écrits dans un petit pense-bête du cœur.

Voici donc un « essai d'amour » comme on dit « roman d'amour » ou encore s'essayer à l'amour au sens de Montaigne et aussi des bancs d'essais des automobiles : l'amour tient-il la route ? Ainsi conçu, l'amour est-il viable et vivable ? Il nous faudra pour comprendre, suivre la vie amoureuse dans tous ses états, s'embarquer sur le fleuve amour et ses méandres, percevoir les dispositions, les figures que le sentiment amoureux peut prendre au cours d'une existence. L'amour amoureux est en effet un mode de relation qui se démarque par la multiplicité et la fluidité de ses formes, par la spécificité de ses régimes d'existence et d'échange, de la fixité rituelle des amours animales dont celle de l'épinoche, petit animal aquatique, nous fournit un modèle parfaitement étudié et décodé. Pour l'homme et la femme au contraire, autant de figures de l'esprit, autant de figures de l'amour où se spécifie la mobilité du désir humain dans ses déplacements, condensations, dégagements, sublimations que la psychanalyse a subtilement mis au jour. Elle pourrait aussi, la sagace, nous en dire long sur le pourquoi et le comment de ces figures, mais nous avons convenu qu'ici, d'analyses il n'y en aurait guère, décidés que nous sommes à nous exposer aux lumières de l'amour en ces multiples châtoiements et non à braquer sur elles les cruels projecteurs de la science.

# 2. L'amour, spécialité humaine

L'amour, dit-on. Les amours, disait-on, dit-on encore pour faire chic et un peu vieillot. Un amour ? Des amours ? J'ai dit, je dirai un amour dans tous ses états ; c'est-à-dire dans toutes les formes, manières, figures, dispositions qu'il sait prendre en restant toujours l'amour en chacune de ces métamorphoses. Il me faut donc bien, pour expliquer ce qu'est une histoire d'amour, tenter de saisir certaines de ces figures, en grommelant un peu contre le schématisme assez rustaud qu'implique cette saisie instantanée. Il y a là une entreprise aussi délicate que de vouloir détailler les mouvements d'une rivière ou les instants d'une conversation. Mais c'est ainsi ; écrire c'est découper dans la réalité, comme mon crayon découpe en courant l'espace de cette page.

Au début c'est le soleil, le tonnerre, les éclairs, la plongée, la chute lumineuse et vertigineuse dans un autre monde. La bascule dans un autre regard, une autre manière de sentir, un nouvel ordre d'intérêt. Un passage dans les flammes, au creux d'un incendie, dans l'œil du cyclone, en plein désert ardent. Coup de foudre, dit-on ! Le mot ne dit pas tout. C'est un coup de tonnerre certes, mais qui ne dure pas le seul temps d'un éclair, il contient un espoir de durée, il recèle des possibles sans limite.

Il serait plus juste de dire : Big Bang, ainsi que les astrophysiciens nomment le moment où notre univers a pris naissance il y a vingt milliards d'années dans l'éclatement d'une bulle de feu d'une densité et d'une énergie inimaginables. Cette métaphore me convient davantage pour dire le choc amoureux. En effet, de cet événement cosmique originel et inaugural dérivera au fil de l'écoulement du temps, tout ce que nous connaissons de notre univers présent et passé à travers les multiples épisodes, les métamorphoses innombrables : expansion, glaciation, réchauffement et dans les formes quasi infinies qu'il a revêtues, du minéral le plus brut aux productions les plus fines de la matière vivante.

Ce mythe des origines que nous propose la science s'accorde bien à ce que nous connaissons du temps fondateur d'un amour où une existence s'embrase et où aussitôt se déploie une toute nouvelle manière de vivre, d'exister, de ressentir, de penser, en de multiples métamorphoses.

Que sait-on de cet amour solaire ? Peut-on aller au-delà de ces métaphores ardentes, dynamiques, que nous propose la science présente du cosmos mais dont les poètes ont usé depuis des temps immémoriaux. Sans doute peut-on au moins dire ce qui se produit alors, en sachant que la vérité échapperait à trop vouloir expliquer.

Rappelons-nous, si nous avons eu la chance de connaître cet embrasement devant un être qui nous a fait tomber en amour : il y a eu des « traits », quelques traits, du visage, du corps, de l'habillement même qui nous ont sauté aux yeux et presque aussitôt au cœur ; des intonations, des inflexions, quelques-unes, de la voix nous sont passées instantanément de l'oreille à tout notre corps comme un frémissement fondamental, un séisme intime et très doux ; une manière un peu particulière de marcher, de se tenir, de faire un geste, nous a rempli instantanément d'une émotion tendre et désirante. Ces traits, ces détails auraient été sans doute, pour d'autres yeux, assez banals ou seulement sympathiques et gracieux, en tout cas d'une résonance limitée. Pour nous ils ont fait mouche et, Big Bang, voilà que nous ne sommes plus nous-même. Nous voilà « nous-autre », notre identité a changé, nous sommes amoureux, avant tout et surtout amoureux, nous nous identifions à notre amour et qui serait dans l'ignorance de ce secret ne nous connaîtrait pas, serait-il notre ami le plus intime, notre plus proche parent. Une brèche s'est ouverte dans notre monde, l'inondant d'une autre lumière, déversant une chaleur inconnue. Nous voilà dans un désert brûlant face au soleil.

Ces détails menus et foudroyants, tout se passe comme si nous les attendions sans le savoir, comme s'ils faisaient partie de nous-même obscurément, intimement, et que de les apercevoir nous les a rendus indispensables par l'effet du bonheur nouveau qu'ils ont produit. Les quelques traits qui nous ont ainsi frappé au cœur ce sont les quelques flèches qu'Éros, le démon joufflu, porte en son petit carquois.

Ces traits étaient déjà en nous, dans des zones obscures à nous-même, sous la forme d'une participation à l'un de ces scénarios à la limite de la conscience, présence fantomatique aux lisières de la pensée, qu'on nomme les fantasmes. Ces scénarios, ces histoires imaginaires qui nous habitent en secret, nous ne les connaîtrons jamais complètement, mais, avec le rêve, c'est le choix de notre amour qui nous en donne le reflet le plus évocateur. De plus, on peut comprendre que ce sont des détails qui font tomber en amour parce que seuls des éléments partiels, limités d'une histoire, du film secret et complexe qui nous hante à notre insu, peuvent coïncider avec l'aspect, la manière, le style d'une personne ainsi rencontrée et reconnue bien que souvent inconnue.

Le cœur et l'esprit humain sont ainsi faits, que le repos n'est pas leur fort et que chez lui l'instant ne dure qu'un moment...

Alors l'embrasé, le foudroyé, l'illuminé, l'énamouré, le plus souvent ne va pas s'en tenir à ce bel incendie. Il va sans le savoir, se mettre à l'ouvrage pour donner une autre figure, une autre disposition et aussi une durée à cet amour naissant. Il recherche la jouissance de son amour, sa maîtrise dans une contemplation possessive. Il voguait sur le fleuve Amour, il nageait dans la félicité, il était tout feu tout flamme, il ruisselait de bonheur, on ne le reconnaissait plus, empli qu'il était de la brillance intérieure de son sentiment amoureux. Le voilà, je parlerai d'un homme pour la commodité de l'expression, qui se met à contempler une certaine femme qu'il imagine être celle par qui la félicité arrive, projetant ainsi, en dehors de lui-même, sur la belle incendiaire, toute sa capacité de bonheur amoureux. De cette manière dotée, revêtue des miroitements de l'amour ainsi que les vierges mirobolantes des églises espagnoles, elle se voit donc affectée d'un rôle de dispensatrice à tout va d'un bonheur absolu pour celui-là qu'embrase cette adoration passionnée. Il faudrait donc, tout aussi imaginairement, que soit exclue pour elle toute autre préoccupation, attachement, tout mouvement d'humeur ou d'agressivité envers celui qui l'a ainsi revêtue des habits d'or et de diamants de la passion amoureuse. La demande d'amour passionné est ainsi faite, qu'elle tend à transformer celle à qui on l'adresse en une sorte de fiction, de création imaginaire et projective plus proche de l'idole ou de la plus que « suffisamment bonne » maman que d'une femme avec son lot de sentiments ambigus, d'intermittence du cœur ou de banale agressivité. Ainsi l'homme passionné aime avec ivresse une ivresse ; où souvent il entraîne, au moins pour un temps, la femme aimée, étourdie par cette élévation tourbillonnante au pinacle de l'amour.

On aurait tort cependant de ne voir dans cette religion

amoureuse que son aspect illusionnel ou baroque. Une histoire se fonde *aussi* sur ces moments d'ivresse légère où tout est bon au-dehors comme au-dedans ; où toi c'est moi, moi c'est toi ; où nous ne sommes qu'un dans une même chair, un seul esprit dans une seule pensée. Cette passion, quand elle est partagée, et elle l'est souvent tant l'ivresse des cimes et des abysses est contagieuse, constitue la jolie fête de l'amour : carnaval, Mardi-Gras, Noël et Saint-Sylvestre réunis ; moment de pur bonheur qui laissera longtemps, sans doute toujours, une nostalgie, une trace parlante et chantante, une figuration flamboyante de l'amour à laquelle on ne cessera de se référer soit pour se détruire en d'amères pensées, soit pour se revigorer en de joyeuses évocations, réalité à double tranchant, comme il en est d'autres vins de la même cuvée.

Il advient aussi que l'amoureux, non content d'éprouver l'embrasement solaire et de vivre les flamboiements de l'adoration passionnée, en vienne à mettre en acte les sentiments et les scénarios fantasmatiques ainsi réveillés de leur sommeil dans le secret des multiples replis du cœur. Je dis mettre en acte et non en action car nous voyons alors le fantasme s'exécuter massivement, émerger à l'état brut dans l'existence réelle de l'amoureux quasi à son insu, d'une manière éruptive qui néglige la médiation élémentaire du langage articulé et les règles de base de la pensée cohérente. Il en découle une sorte de désordre animé, de folie ardente des comportements, de danse échevelée où les représentations les plus extrêmes et baroques du sentiment amoureux déboulent sans crier gare sur la scène du quotidien. Ce qui serait mot d'amour se trouve court-circuité en images, elles-mêmes prestement transformées en acte. Là où on dirait : « mes pensées s'envolent vers toi », le fou d'amour prendra l'avion pour traverser mers et continents à la recherche de l'aimée. Là où on aurait affirmé : « je voudrais t'apporter le bonheur », l'éperdu apportera chaque matin une brassée de roses rouges. Là où on aurait évoqué le bonheur d'être ensemble et la peine d'être séparé, l'amoureux fou dansera la gigue et chantera le péan en retrouvant l'aimé ou avalera du poison s'il croit la perdre.

Ainsi, si quelques dons naturels les y prédisposent, il advient que des amoureux traversent une partie de leur existence dans le plus grand désordre, mettant en scène dans leur propre vie toutes les fantasmagories d'amour heureux ou malheureux ; de la jubilation dionysiaque à la géhenne dantesque ; de l'agitation radieuse à la recherche de la mort ; de la fugue galopante aux replis érémitiques ; des dépenses somptuaires à l'abandon misérabiliste de ses intérêts propres.

Pourtant, là encore, on aurait tort de rire trop vite de cette folie douce. Cela aussi est l'amour ; nul n'a aimé qu'on n'en ait été saisi peu ou prou, longtemps ou brièvement, au vu de tous ou dans le plus privé de sa vie. D'ailleurs, n'est-ce pas un peu fou, de cette folie-là, de se déclarer amoureux à une femme dont vous ignorez si vous avez une place dans son cœur sinon dans sa vie ; de vous lier durablement à elle ; de charger à bord de votre bateau toute une famille avec les vivres, les munitions et les impedimenta pour la grande traversée de la vie océanique. Qui a vu ces grands navires au fort tonnage et au grand équipage que sont les maisons, les appartements où toute une famille, du plus âgé au plus petit, vit sa vie multiple et variée, ne peut pas ne pas entendre et comprendre le propos du bon papa Georges Duhamel sur les pères de famille, aventuriers du monde moderne. Cette folie douce, cette folie forte, qui fait engager sa vie avec celle d'un autre et des moussaillons qui vont suivre, sur les lignes hauturières, est-ce qu'elle n'apparaît pas déjà dans le baroquisme bon enfant et la véritable étrangeté, pour qui sait voir d'un œil neuf, des cérémonies d'épousailles dans toutes les civilisations...

Pour la nôtre, dites-moi en quelle circonstance accepteriez-vous de vous vêtir de sombre un petit nœud autour du cou, ou de blanc avec des fanfreluches un peu partout, et de vous exhiber ainsi devant une foule de parents, d'amis, voire de badauds ; de vous adresser en cet accoutrement à un curé enjuponné ou à un maire enrubanné dans la bizarre solennité d'un lieu civil ou religieux, bien éloigné de la familiarité de vos lieux d'amour habituels ; de convoquer tout ce joli monde à un banquet puis de danser avec eux une partie de la nuit ; de dépenser parfois en une journée autant que dans deux ou trois mois ordinaires ; de filer ensuite à deux pour un voyage mystérieux sans emmener de compagnon et sans laisser d'adresse. Je sais que cela pour certains paraît bien convenu et si banal qu'on tend présentement à s'en passer. Pour moi, j'y vois le signe, socialement intégré et proclamé, que l'amour est là aussi marqué du signe de la folie, par un saut résolu hors de la réalité quotidienne. Ailleurs le rite est autre : simulacre de rapt de la mariée, dissimulation des époux l'un à l'autre, remuements en tous genres de l'ordre social et familial ; la folie douce y est bien encore présente.

Je voudrais qu'on me cite une histoire d'amour qui n'ait jamais été marquée d'une notable transgression ou d'un événement d'une hardiesse incongrue. Cherchez, dans les plus classiques, vous verrez qu'il s'y trouve parfois gardé dans le secret du privé : fugue, enlèvement, rupture et retrouvailles à rebondissement, cri et fureur en mineur ou en majeur. L'amour sans folie est aménagement, c'est-à-dire n'est pas l'amour. L'amour dérange. L'amoureux est toujours, un peu, beaucoup, passionnément, un « dérangé », un dérangeur : transcendance ordinaire de la vie humaine...

Une forme d'amour ne dérange pas en principe. On le dit platonique. C'est un amour pensé, mis en culture, cultivé jusqu'à la racine.

*Dame de mes pensées...*

commence Guillaume Apollinaire

*Au cul de perles fines...*

continue-t-il, en s'esclaffant et en recentrant prestement le sujet ;

*dont ni perle ni cul n'égalent l'Orient,*
*Qui donc attendez-vous ?*
*« J'attends le vainqueur »...*

termine-t-il sarcastique.

C'est l'amour des chiens de faïence, des chiens pensifs d'une faïence sans défaillance, sans l'ombre d'une fêlure ; l'amour immobile des cerveaux surchauffés et des cœurs glacés dans des corps transis. Il a eu son heure de gloire posthume, quand on a raconté l'histoire de « l'amour courtois », tel qu'il était supposé se pratiquer au Moyen Age.

Plus intéressant, plus effrayant aussi, plus actuel, l'amour platonique modern'style : celui de nos as de la sociologie — psychologie-psychanalyse, etc. A ceux-là on ne le fait pas le coup du Big Bang, de la passion adorante, de la folie douce. L'amour ils connaissent, ils ont lu ça dans des livres ; et pas comme celui-ci : des livres pensés pour lecteurs pensifs sur des amours pensables... Il faut les entendre les apprentis psychoamateurs. Ils interprètent l'amour, non comme un musicien une partition débridée, mais comme un scolastique décryptant une langue définitivement étrangère, langue bel et bien morte, à coups de lexique et de grammaire. Les sentiments, les propos, les actes, surtout ceux du conjoint, sont passés au crible du tamis à de petites mailles façon Freud, amélioré Reich et revu Lacan. « L'amour ça les interroge, ça les interpelle quelque part », disent-ils ; et pas là où vous croyez, polissons ignares ! Quand ça les interroge, l'amour, ils répondent aussitôt en récitant la leçon, élèves appliqué en mal de maîtrise sur l'autre et sur leurs propres sentiments ressentis comme autant de perturbateurs d'un programme affectif vécu à l'avance selon les schémas de la dernière pensée en vogue.

L'autre platonisme est religieux ou plutôt ecclésiastique. Ce que j'ai eu à connaître des tribunaux ecclésiastiques instruisant les causes d'annulation de mariage m'a donné à penser que certains clercs chargés de cette fonction n'avaient considération que pour un mariage où les époux se seraient liés l'un à l'autre dans la claire limpidité d'une pensée doublement réfléchie, dans l'angoissant néant de cette galerie des glaces. Un tel aménagement froid d'une vie commune serait le fait d'un couple pervers articulant les désirs parcellisés en un savant assemblage ; puzzle de petits avantages, de légères concessions et de micro-satisfactions échangées dans une complémentarité prudemment négociée.

Et pourtant les amours sont tous platoniques ; un peu, parfois, par moments. Le navire du couple ne vogue pas à travers les espaces océaniques sans compas, sextan et cartes marines. Il n'y a pas de vie amoureuse sans quelques compréhensions élémentaires de ce qui la conditionne dans son développement sinon dans sa conception et sa naissance. Alors, va pour un zeste de platonisme dans notre saisie des différentes figures de l'amour...

Et l'érotisme ? Amour érotique est une sorte de pléonasme, *Éros* étant l'amour même. Cependant, au-delà de l'étymologie, on désigne ainsi ordinairement, une manière d'amour où le plaisir des corps se trouve mis au centre de la relation amoureuse, non dans un pur mouvement de spontanéité aimante et désirante, mais par une véritable mise en culture, une recherche réfléchie ou retorse de la maîtrise du plaisir amoureux. Cela le constitue comme une simple variante de l'amour platonique, à ceci près que ce n'est pas au sentiment que s'attache alors, que s'attaque, la pensée, mais à la mystérieuse alchimie des corps mêlés cherchant ardemment la pierre philosophale. En bonne démarche de pensée froide, l'érotisme tente de transformer cette alchimie obscure en claire chimie riche de formules précises : positions des corps, emplacements des caresses, graduations de l'intimité, mise en séquences subtilement programmées des étreintes. Il y a là un savant passage par l'alambic de l'élan amoureux, en vue de produire une sorte de plaisir quintessencié et chimiquement pur. Là où l'amour exerce sur les corps ses attractions magiques, l'érotisme met en place dans les meilleurs cas une démarche alchimique, parfois de véritables protocoles pseudo-scientifiques et souvent hélas, de grossières recettes de cuisine griffonnées sur un papier douteux. De l'alchimie en ses mystères à la chimie en ses formules et à la cuisine en ses tripatouillages, la facilité d'aimer y trouve son compte d'apothicaire besogneux. Mais dans chacune de ces étapes se trouve aussi délaissé un reste, un résidu fondamental, pierre d'angle de l'édifice amoureux.

Le chant de certains poètes de plein vent, au premier rang desquels je place Delteil et son amour paléolithique, me paraît avoir fonction essentielle de désalambicage, de déformulation et de retour au brut et à la magie de l'élan d'amour : « Je chante les vieux sentiments, la chair fraîche, l'homme, le naïf bon sens, la sagesse, le cœur, les ruisseaux sur la mousse, le cosmos, le silence, tout ce qui est vierge, naturel, paléolithique... » Ainsi parle l'auteur de *Choléra*.

Qu'on veuille bien m'entendre cependant ; je ne nie pas, à quoi bon, que la chimie existe dans le plus vif de l'amour et même quelques brins de mathématique : vigoureux algorithmes, délicieux calculs différentiels, audacieuses figures de la géométrie dans l'espace, splendeurs de la mécanique ondulatoire... Plus sérieusement, je crois que la science en amour conditionne l'une de ses figures, représente bel et bien un de ses états. Nous sommes contents d'y recourir quand la magie s'absente ou se manifeste malicieusement à l'envers par quelques cuisants ratages.

En tout cas l'amour est force : « Je t'aime si fort »... « Je pense à toi si fort »... « Je tiens à toi de toutes mes forces »... Les formules abondent mais aussi les images affluent pour dire l'élan du désir amoureux : emballement du cœur et du cheval à qui le galop ne suffit plus ; bouillonnement des sens, du sang fouettés, du fleuve en crue, de la sève printanière ou pubérale ; tension désirante, délirante d'une course vers l'aimée ; bandaison de l'arc en mal de flèche, de cible ; cou du taureau se précipitant hors du toril, naseau au vent, sur le sable brûlant de l'arène ; tension plus subtile, plus intime, plus troublante, du chant de l'oiseau matinal, de certaines musiques de Ravel, de certains vers de Racine, d'une certaine peinture sans répit : du Tintoret, de Soutine ; tensions amoureuses se déployant en force obstinée ; recherche inlassable d'une curiosité toujours insatisfaite ; écartement des obstacles, traversée des mers en tempête et des labyrinthes retors ; grand remugle des états, soulèvement aisé des montagnes ; avancées contre vents et marées, violence sans malice, astuce sans complication, ardeur combattante, chasse haletante ; course en flèche, zigzag, saut, bondissement ; prédation résolue, saisie sans phrase, geste souverain déjà tout entier contenu dans l'élan qui l'inaugure.

Et plus fort que le fort : la faiblesse retorse du lion alangui près de sa lionne ; du guetteur de signes, immobile, souffle court, regard affûté, sens tendus vers celle-là qui passe, qui parle, là-bas... Faiblesse sage de celui, de celle qui sait, de savoir naturel, magique, l'art de posséder en donnant, en laissant prendre ; gestes rares, mains ouvertes, muscles souples, regard apaisé.

Force vers qui ? Vers celui-là, celle-là qu'on aime, pour l'atteindre, le prendre, se laisser prendre, le connaître, le reconnaître, se faire connaître, reconnaître. Je dirai plus loin que l'amour a aussi figure de connaissance...

Qu'on ne s'imagine pas sur la foi de ces métaphores musclées, que je parle ici de la seule puissance élémentaire telle qu'elle se déploie dans la majesté du rut animal, dans la violence chasseresse. La force d'amour dont je parle est celle de la saisie, de la connaissance, mais aussi des mille et une manières industrieuses et habiles où l'amour forge, bâtit, aménage, élabore, construit les lieux et les conditions de sa vie amoureuse en le meilleur, le plus accompli de son déploiement : « sollicitude », « concern », où Winnicott nous a appris à lire la force bâtisseuse de l'amour amoureux.

Toute force est d'amour, c'est-à-dire fille de la pulsion en ce qu'elle a traversé la culpabilité, en ce qu'elle s'est dégagée de l'angoisse et de l'inhibition et résolument détournée du miroir de Narcisse. Puissance objective, objectivante, réaliste, éminemment pratique de l'amour. L'amour n'est pas aveugle, il ouvre les yeux.

C'est dans sa force que l'amour trouve sa plus éloquente figure : celle, intraitable, qui ne se prête à aucune ornementation factice, à aucun simulacre esthétique, à aucun effet de parade.

Ma « connaissance » disait-on pour désigner sa petite amie. Ainsi, de ce Président de la République française du début de ce siècle pris d'un malaise mortel dans les bras de sa maîtresse, son confesseur appelé à la hâte, demande : « A-t-il encore sa connaissance ? » Non, lui fut-il répondu, cocasse méprise, « elle vient de partir »...! L'anecdote qui réjouit la gauloiserie républicaine, illustre aussi le vacillement du mot entre le conscient, l'intelligible et l'amoureux. La Bible elle-même qui a la juste réputation de ne pas parler à la légère, emploie, on le sait, le mot « connaître » pour désigner le commerce amoureux de l'homme avec la femme. Plus loin il sera dit comment cette démarche de connaissance représente ce qui, dans un amour, l'entraîne à se déployer dans sa pleine durée : « de vivre encore et de connaître notre histoire jusqu'à la fin ».

Ici nous dirons seulement l'ardeur de connaître de l'amoureux pour la bien-aimée puisque, décidément pour simplifier l'expression et parce que cela m'est plus immédiat, je m'exprimerai souvent du point de vue de l'homme vis-à-vis de la femme, sauf pour en déceler les différences.

Tout de suite et d'emblée j'affirme que la connaissance amoureuse plus que toute autre, est aux antipodes du savoir. L'ardeur à connaître ne consiste en rien à prendre connaissance, comme un lecteur attentif scrute un texte précis : acte notarié, mode d'emploi, « descriptif » d'architecte ; ou comme on inspecte dans ses détails, un lieu ou un objet déterminé. Bien plus, le « croire savoir » sur l'autre, sonne souvent le glas d'une histoire d'amour, illusion mortifère sur une possible mise à plat et en lumière crue de l'épaisseur ombreuse de la femme, de l'homme qu'on aimait. La connaissance amoureuse se déploie sur un fond d'ignorance acceptée, de non-savoir reconnu que les mystiques appelaient autrefois, concernant l'amour de Dieu, la « nescience » et qu'on pourrait désigner simplement sous le nom d'innocence.

C'est ici le moment de dire le mot si sexuel, si amoureux de curiosité ; le « vilain défaut », dit-on aux enfants surpris à écouter aux portes, à regarder par la serrure, à explorer les livres interdits. Le mouvement d'amour s'identifie presque entièrement à cet élan de curiosité, inlassable à connaître, sans prétention à savoir. Elle est d'une ambition folle ; elle se déploie, insatiable, dans la pleine étendue, l'épaisseur d'existence du « monde » de l'aimée. L'amour embrasement, adoration, folie douce, force ardente est aussi cette interrogation sans limite et sans repos. On veut connaître, on aime à connaître, bien sûr, tout cela qui faisait le charme du premier choc amoureux. Mais comme un feu qui galope à travers bois et taillis, l'ardente, la vive curiosité s'étend presque instantanément à tous les détails même les plus intimes de la vie de la femme aimée : comment est tissée la trame des gestes et des actes, grands ou petits, qui fait le tissu de sa journée vécue ? Quels sont ses goûts, ses intérêts, ses passions, ses révoltes ? De quoi est fait le style de sa vie, sa manière d'aborder le quotidien et l'exceptionnel, le singulier comme l'universel ? Comment pense-t-elle, à quoi ? Que lit-elle, quelle musique la touche ? Quelle représentation de l'esprit, quel événement de la vie la met en joie, l'afflige ? L'incendie s'étend, la brûlure de connaître se déploie ; dans le temps passé : quelle fut son enfance, sa prime jeunesse, les mouvements essentiels de son existence, ses rencontres, ses aventures, ses amours ? dans le temps futur : quels sont ses projets, ses engagements d'avenir ? dans l'espace aussi : où vit-elle, comment est son logis, quelles personnes l'entourent : parents, frères, sœurs, amis... ? quel pays est le sien, à présent, autrefois ? qu'a-t-elle connu du vaste monde ? quels rapports entretient-elle avec les continents, avec son jardin, les fleurs, les animaux familiers ; la mer et ses coquillages ; la campagne, ses herbes menues et ses bois mystérieux ; la ville et ses rues : avec quelle ville, quelle rue, quel coquillage, quelle fleur, quel animal entretient-elle ces rapports particuliers ? quel objet remarquable ou infime a-t-il eu la chance de la toucher ? quelle lumière du soir, du matin, lui éclaire-t-il le cœur ?

La particularité sensible de l'ardeur amoureuse à connaître peut se formuler ainsi brièvement : l'amant connaît mieux sa bien-aimée que ses proches, que ses amis et qu'elle-même. Dans *Jean de la Lune*, Marcel Achard fait dire à un de ses personnages amoureux passionné : « Je suis un spécialiste de Marceline. » Est-ce là prétention idéaliste et abusive de cet amour que pourtant l'on dit aveugle ? L'expérience de chacun, comme la théorisation psychanalytique, vérifie cependant ce mystère : la connaissance amoureuse va plus loin et atteint des zones de l'esprit qu'ignorent l'observation ou l'introspection telles qu'elles se pratiquent dans l'ordinaire de la vie.

Que sait-on habituellement de soi-même, des autres ? Ce qui est inscrit dans les gestes coutumiers, les habitudes de pensée, les réactions courantes : cela s'appelle le caractère. Le mot dit bien, par sa référence au domaine de l'imprimerie : la fixité, la trace immuable, le sens univoque d'une inscription. Il dit aussi, dans le monde des sciences et particulièrement des sciences biologiques, les « caractéristiques » permettant de distinguer les espèces les unes des autres. Or, voilà précisément ce qui n'intéresse pas l'amoureux, voilà ce que traverse sa curiosité sans s'y attarder, sans les voir : ces « traits de caractère » qui intéressent tant celui qui n'aime pas. L'amant ne s'attarde pas aux impressions, il ne regarde pas l'aimée comme une espèce de... Ce qu'il aime à connaître, qu'il excelle à découvrir, qu'il se plaît à dévoiler, est précisément ce qui ne se répète pas à la manière d'un texte définitivement figé dans une impression ou comme une de ces formes fixes de pensée, de sentiment, d'existence, dont les caractéristiques se prêtent aux classifications faciles. L'aimée est littéralement « inqualifiable » aux yeux de l'amoureux, inclassable, même dans ces catégories banalement utilisées dans la vie quotidienne : beauté/laideur, bonté/méchanceté, intelligence/sottise. C'est avec une surprise émue, un étonnement attristé, que l'amoureux entendra qualifier celle qu'il aime : « Ainsi elle serait donc belle... Comment, elle serait donc sotte... » Comme s'il n'y avait pas pensé, comme s'il n'y avait pas pensé de cette manière-là. S'il dit « tu es belle », « tu es bonne », c'est pure figure de style, bref déplacement quasi métaphorique, concession provisoire au langage commun, alors qu'un seul mot lui vient naturellement, innocemment aux lèvres, mot unique de vérité simple : « je t'aime ». La beauté, la bonté, l'intelligence ne sont perçues qu'en plus, entre parenthèses, dans un mouvement de recul qui ne peut être que bref faute de voir l'amour se geler en spéculation, fut-elle admirative. Un psychanalyste, cordial et vif, il en est, faisait remarquer que la perversion sexuelle commence là où homme désire une femme parce qu'elle est belle...

L'amoureux par contre, n'a d'yeux, d'écoute, de sensibilité que pour la vérité inventive de celle qu'il aime, sa limpidité singulière, son innocence véridique ; son charme et sa grâce pour tout dire ; vérité en son mystère, désencombrée des pseudo-maîtrises d'un savoir sur l'autre et sur soi-même. Charme..., grâce..., deux mots ouverts par la première des voyelles comme dans un soupir échappe l'aveu, comme dans l'ouverture de leurs bras l'amant et l'amante se donnent à connaître.

La connaissance de l'amoureux est aussi connaissance de lui-même. On ne sait qui l'on est que lorsqu'on sait qui on aime et comment on l'aime. Le « connais-toi toi-même » est une de ces injonctions paradoxales et intenables dont les philosophes ont le secret. On ne se connaît pas soi-même ; on ne peut se reconnaître que « soi-autre », c'est-à-dire dans et par l'amour de l'autre. Si le savoir peut être, est souvent, construction et contemplation solitaire, la connaissance est acte d'ouverture et de pénétration où se révèle et vient à jour ce qui nous constitue de plus radical et de plus secret. Dans cet acte, les fermetures, les cloisonnements se dissolvent ; les scénarios privés qui dormaient dans les profondeurs, déboulent dans la conscience et jusque dans le quotidien de l'existence. Une interrogation ardente se poursuit, inlassable, sur l'aimée, une révélation se produit de « soi-autre », au-delà des masques caractériels, des schémas classificateurs et répétitifs.

On voit en cela que le temps amoureux est bien l'heure de vérité où tombent les parades et les semblants dans la belle ardeur à connaître et à se laisser connaître. La « révélation » amoureuse telle qu'on la nomme souvent, est certes découverte des joies et des souffrances de l'amour, mais c'est aussi la connaissance réciproque que se donnent les amants.

Bien plus, c'est dans l'expérience d'amour, dans le déploiement d'une existence amoureuse que prend forme, se révèle, se fonde la vérité, comme valeur indispensable et indépassable de l'existence. Ceci explique que les amoureux soient tellement ardents à faire connaître la vérité de leur amour. La mise en doute de cette vérité rendrait en effet toute existence impensable et impossible, car l'amour est la pierre de touche, la référence radicale de toute vérité et donc de toute réalité. L'amant peut supporter la douleur de voir repousser son amour, souffrir de le voir bafoué ou trahi ; il ne peut, sans perdre le sentiment d'exister, voir mis en doute la véracité de son sentiment.

Freud à sa manière, sèche, hors lyrisme, le dit sans embage : « Un homme qui doute de son propre amour peut, ou plutôt *doit* douter de toute chose. » Il n'y a pas d'existence humaine qui puisse tenir sans vérité. La tradition kabbalistique raconte comment un homme, le Golem, fut pétri d'argile et de glu. On inscrivit sur son front le mot *Emeth* qui signifie Vérité. Il put alors mener la vie d'un homme actif bien que ne sachant pas parler. Un jour on eut peur de lui et on effaça seulement la première lettre du mot qu'il portait au front. Il ne restait plus que *Meth* qui signifie « Mort » et l'homme s'écroula, redevenant argile.

L'amour en cela est risque de mort. Il est le signe, la marque, le lieu, le fondement, la matrice de toute vérité et de toute réalité. Or la vérité est ce à quoi on ne peut renoncer, ce sur quoi il n'y a aucune transaction possible, sauf à mourir. Les martyrs de toutes croyances préfèrent mourir plutôt que de transiger sur ce qui constitue le vif de leur vérité. « Je mourrai donc sans avoir connu... » est la plus fondamentale des craintes. A l'opposé, d'avoir aimé, ne serait-ce qu'un temps limité, laisse pour ce temps et pour la vie entière, un goût de vérité et une densité de réalité qui permet de dire avec Pablo Neruda : *J'avoue que j'ai vécu.*

La connaissance amoureuse, comme toute démarche de connaissance, contribue par sa visée, à créer son objet. L'amoureux, ai-je dit, ne s'intéresse ni au caractère de sa bien-aimée, ni à ce qu'on sait ou croit savoir d'elle, ni à ce qu'elle en connaît elle-même. Il s'embarrasse encore moins de ces infinités de paramètres et de caractéristiques de façade où psychologue, sociologue, caractériologue, etc., trouvent leur bonheur d'entomologistes affairés à décrire et étaler leur savoir plan. L'amant vise, regarde, écoute ailleurs. Il guette, il se réjouit d'un geste involontaire ; d'une manière particulière de dire sans façon ni apprêt ; d'une confidence, d'un aveu, qui échappent comme l'alouette surprise au nid ; d'un simple rire, claire embellie sur le visage aimé ; d'une brume légère sur des yeux quand passe l'émotion. On voit que ce que vise l'amant, ce qu'il brûle de connaître, c'est l'involontaire, le non construit, le mystérieux inattendu. J'ai dit le charme, la grâce, en leur nudité véridique. Ce faisant, il suscite, il facilite une mise à distance des propos, des comportements convenus et construits ; dans le même temps, il aide à la libération chez sa bien-aimée du gratuit, du mystérieux, de l'imprévu où s'exprime sa vérité. Pour dire en clair, et un peu en pédant lourdaud, ce dont l'amoureux se délecte à connaître dans cette infinité de manifestations involontaires, c'est la vie fantasmatique de celle qu'il aime, ces entrelacs de scénarios intimes qui donnent force, forme, couleur, orientation aux désirs de celle-là qui les ignore elle-même. Le charme, la grâce, puisqu'il faut y revenir, sont précisément cette transparence aisée aux fantasmes fondamentaux et au désir en sa radicale nudité dégagée des masques défensifs du caractère. Le bonheur d'être aimé est là, dans cette demande implicite de la nudité de cœur, en même temps que celle plus explicite, de la nudité du corps qui en est la jolie métaphore. La légèreté, l'aisance à vivre, à penser, à dire, qui saisit l'être aimé, procède de ce mode de connaissance particulier à l'amour. L'effet de vérité y trouve aussi son explication :

*Ce qu'il y a de bon en vous, c'est vous,*
*Tout le reste ne vaut rien du tout,*
*Tout ce qu'il y a autour n'est que matière à discours,*
*Ce qu'il y a de bon en vous, c'est vous.*

Ainsi chante Guy Béart dans la plus amoureuse et en cela la plus limpide et la plus légère de ses chansons.

Ainsi, ce dont se délecte à connaître l'amant, c'est bien la vérité de l'aimée ; vérité non maîtrisée, telle qu'elle s'échappe dans le charme de l'involontaire et par la grâce d'un dévoilement. C'est dans l'aveu que, subtilement, splendidement, pour la première fois elle se donne à connaître.

Je dirai aveu d'amour et non déclaration. Le mot déclaration sonne clair et net, officiel et précis, quelque peu mondain et vieillot. Il a pourtant le mérite d'évoquer l'ouverture d'un champ d'existence, d'un mode de relation différent et nouveau : déclaration de guerre, déclaration à la Chambre des métiers... Quelque chose commence d'une autre nature que ce qui a précédé. Et cependant c'est le terme d'aveu qui me convient pour désigner le premier mouvement où l'amour se dévoile. La musique de ce mot commence en ouverture, se continue en volonté et s'achève en abandon... Il semble né d'un soupir. Il dit la reddition, le renoncement au mensonge, la délivrance d'une vérité à qui y a droit, comme il en est de l'aveu à un juge ou à un maître à qui on s'en remet. L'aveu d'amour est lui aussi la reconnaissance nécessaire et inéluctable d'une vérité fondamentale en même temps que la mise en dépôt de cette vérité entre les mains de l'aimée.

Comment avoue-t-on son amour ? Que contient ce propos inaugural, fondamental et pourtant murmuré dans un souffle ? Qu'on ne se presse pas de croire que l'aveu d'amour prend forme dans le « je t'aime ». Cette formule n'avoue rien, comme l'a bien écrit Roland Barthes : « La figure ne se réfère pas à la déclaration d'amour, à l'aveu, mais à la profération répétée du cri d'amour. » Quand l'amour s'avoue, le langage n'a pas cette densité performative, cette brièveté insécable, cette simplicité jaculatoire. On ne dit, on ne répète le « je t'aime » que lorsque l'aveu est déjà passé ; il en est une sorte de commémoratif frappé hors du temps dans le bronze et l'airain.

L'aveu d'amour est, lui, pluriel dans sa forme, très singulier dans son contenu ; sa trame est impalpable. Il ne peut faire l'objet d'aucune anthologie, d'aucun répertoire à l'usage de ceux que la parole embarrasse, des malhabiles du langage. Personne ne peut avouer pour personne. L'aveu, comme le premier vers d'un poème selon Mallarmé, est « donné par les dieux ». Le redire ne provoquerait que malaise, étonnement, devant une formulation insolite, un contenu elliptique, insaisissable. L'aveu d'amour, le plus souvent, ne parle pas d'amour. Il prend la forme d'un simple constat de bonheur devant l'aimée qui le reçoit en offrande de reconnaissance. Le propos, vacillation lumineuse, envol de pigeons, passage de risée, ne s'embarrasse pas de pesantes déclarations. Les « je t'aime », serments, projets, demandes, promesses, seront pour plus tard quand se déploiera l'ardeur à connaître la bien-aimée et le désir de se représenter une existence transmutée par sa présence, c'est-à-dire une histoire d'amour.

L'aveu inaugure en effet un processus de langage bien spécifique à la relation amoureuse et fondement même de l'amour en tant qu'il est connaissance et histoire. Du propos amoureux on retient souvent les petits mots doux, les surnoms gentils, les plaisanteries mutines ou coquines, mais l'essentiel du « discours amoureux » se trouve ailleurs bien que ces douceurs de langage en fassent aussi partie.

Les dits d'amour s'ordonnent, s'orientent, se spécifient dans et par le mouvement de connaissance et de reconnaissance qui le constitue pour l'essentiel. Parfois cependant ils dérivent et s'affadissent en de vains propos sur la relation amoureuse elle-même, langage sur un langage, verbiage et verbigération totologiques, système clos où se complaisent les amants affadis, lassés de toute curiosité sur la vérité de l'aimé, indifférents à se connaître. Ces commentaires que s'échangent les amants fatigués sur le lien qui les unit, forme abâtardie du marivaudage, sonnent souvent le glas d'un amour malade : « Nous sommes ainsi... Notre amour est comme ceci... comme cela... » Ainsi se parle une langue morte discourant sur un sentiment plus observé que vécu, plus maîtrisé qu'emporté, la glose prenant tristement la place de la belle ardeur à se dire, à se chercher, à se trouver, par les verts chemins du langage énamouré.

Si l'amoureux décidément ne parle pas d'amour, que dit-il ? Il dit : je t'ai trouvée ! Je te connais, mais il me reste à te connaître ! Je te nomme, mais il me reste à te nommer ! Je sais comment t'atteindre, je t'atteins, je te touche... Je connais les mots qui te touchent ; les mots que je trouve, trouvent le chemin vers toi. Je ne connais pas tes secrets, ton secret, la fine fleur de ta vérité, mais je connais un peu le chemin qui y mène. J'aime à évoquer « les deux ou trois choses que je sais de toi » et que parfois tu ignores. Avec mes mots que l'amour agence, je vais à la recherche de ta vérité, j'aide à sa délivrance. Dans le jeu de cache-cache que chacun se joue à soi-même, joue avec les autres, dans la quête de l'insaisissable vérité du désir, l'amant est celui qui sait les traces, habile à lancer les mots qu'il faut pour atteindre l'aimée, tremblante et ravie d'avoir été découverte, dévoilée, dans les buissons emmêlés de ses sentiments, dans les frondaisons multiples et frissonnantes de ses émois.

Quand tu es perdue à toi-même, perplexe et triste des intermittences d'un cœur incertain, quelques mots de moi partant vers toi, devenant les tiens propres, te restituent à toi-même et à

> *L'océan porteur et la plénitude de toi*
> *Intact comme un œuf d'ivoire*

ainsi que l'écrit Henri Michaux.

Dis-moi aussi, dis-moi encore, ces mots, ces paroles qui ne sont qu'à toi et qui ont la science secrète, magique, obscure, de traverser mes égarements. Dis-moi ces quelques phrases que j'ignore mais qui savent me réveiller comme un doigt ou un baiser, qui me rendent à la lumière de la vie, de tes yeux ; à la brûlure du soleil, de tes lèvres. Prononce ces mots qui sont les tiens et m'appartiennent. Ils dénouent les rets qui m'enserrent, ils me délivrent des épaisseurs, des pesanteurs ; ils me « rendent la soif et la faim ». Use de ces phrases simples, souples, pour délier délicatement comme elles savent le faire, ma vérité piégée, essoufflée, jetée à terre. Tu connais les points sensibles, les mots et les images qui me rendent la force et l'audace ; ceux qui sont pour moi lettres mortes et que tu négliges ; ceux qui me brûlent et m'empoisonnent et dont tu n'uses qu'avec cette science délicate qui du poison fait remède. Joue de cette musique exquisément sensible, scandée par l'absence, syncopée par l'éloignement, orchestrée par les aveux, les récits, les évocations, offerts à nos grandes fêtes partageuses.

Évite-moi la tristesse stupide de celui qui s'est caché, absenté et qu'aucun mot, aucune parole ne vient dénicher. Épargne-moi le désarroi qui naîtrait d'un mot qui ne serait pas tien où qui se serait trompé d'adresse. Ne me laisse pas dans le désert où me jetteraient des mots qui n'auraient pas ta marque ou que je ne saurais entendre sans que vacille mon esprit parce que le premier contredirait le second. Cherche-moi, même si je me cache, surtout si je me cache ; sans doute je me cache pour t'entendre m'appeler, lancer à mes trousses la meute de tes mots qui me connaissent et m'atteignent à travers bois et fourrés dans le fouillis inextricable des turbulences désenchantées ou dans les plaines désertes de l'indifférence. Passe outre, comme tu sais le faire, à ce que tu crois, à ce que je crois savoir de moi : le caractère, les manies, les répétitions radoteuses, le « moi-même » indéfiniment et désespérément semblable. Ne me donne pas de nom, de qualité ; ne me dis pas que tu m'aimes, comment tu m'aimes. Trouve-moi et je saurai te trouver !

Je sais bien que toi non plus tu n'es pas immobile, identique à toi-même ; que je passerai ma vie à te perdre et à te chercher ; mais je fais confiance à mes mots d'amour pour te rejoindre là où tu es, même s'ils doivent prendre d'autres chemins, d'autres mots, d'autres chansons pour t'atteindre, te saisir, te révéler encore et encore, te réveiller encore et toujours. J'aime cette course des mots à ta rencontre, à ta recherche. En amour plus encore, « ce qui est dit reste à dire ». Ma vie est une course guidée, informée par une procession de mots qui sont les miens propres puisque je les dis, qui sont les tiens parce qu'ils t'atteignent et te connaissent.

Les dits d'amour sont aussi des mots ordinaires désignant des choses simples, concrètes auxquelles l'existence amoureuse apporte une signification accrue, aggravée, enrichie. L'amour affûte aussi le regard sur toute chose qui prend place dans l'existence des amants, leur donne par cette saisie dans leur univers symbolique, le statut et les lettres de noblesse d'objets privilégiés. Un paysage, une maison, des livres, des pays, partie prenante de la vie de ceux qui s'aiment, reçoivent par eux un « supplément d'âme », un surcroît de réalité. Littéralement ces livres, ces paysages, font signe aux amants tout au long du temps qui passe. L'évocation de ces lieux, de ces œuvres dans les propos qu'ils échangent, constitue une sorte de remise au jour de trésors cachés et secrètement partagés.

Ainsi les mots d'amour disent une science de l'amant sur l'aimée. Comment prend-elle forme, cette connaissance intime, inlassable à se reformuler et définitivement inapte à se geler dans les platitudes d'un savoir exhaustif? C'est ici le moment d'évoquer le penser d'amour dans ses rapports antagonistes au savoir sur l'aimée. Le rappel du mythe d'Éros et Psyché tel qu'il se trouve narré par Apulée, un auteur latin du temps de Marc Aurèle, dans le récit intitulé *L'âne d'or ou les métamorphoses*, nous aidera à évoquer les statuts si différents du savoir et de la pensée en amour. Ce récit mythique nous guidera aussi en d'autres occasions, lorsque par exemple nous tenterons de discerner ce qui de l'amour fait histoire en ses métamorphoses.

Psyché est une jeune fille d'une grande beauté, si belle qu'aucun homme n'ose l'aborder; tous se contentent de l'admirer de loin en un véritable culte. La déesse Vénus, jalouse, demande à son fils Cupidon de la séduire pour finalement l'humilier. Éros-Cupidon installe alors la belle dans un palais, la comble de richesse, de confort, et la visitant chaque nuit, de bonheur amoureux. Cependant il lui interdit de le voir; Psyché doit rester dans l'ignorance de l'identité de son amant, ne rien *savoir* de lui. Les sœurs de cette jeune femme ainsi comblée, éprouvant de la jalousie, lui posent des questions sur cet amour mystérieux et constatant des *contradictions* dans ses réponses, parviennent à introduire un doute dans son esprit, faisant naître chez Psyché, le besoin d'en *savoir* plus sur son amant. Une nuit, outrepassant l'interdit, elle allume une lampe à huile pour le contempler pendant son sommeil. Frémissante d'amour, Psyché laisse tomber une goutte d'huile sur le corps de Cupidon qui s'enfuit, faisant disparaître dans le même temps le palais et les richesses offerts à sa bien-aimée. Vénus, elle-même courroucée, impose alors à Psyché pour la punir, des tâches multiples et triviales : elle se voit condamnée à trier des monceaux de graines, à tondre une infinité de moutons, à puiser de l'eau dans le Styx, à dérober des onguents recelés dans les Enfers. Elle vient cependant à bout de ces travaux : en effet la création vient à son secours, lui parlant, lui livrant ses secrets, lui indiquant l'art et la manière d'accomplir son œuvre. Découvrant ainsi la chaleureuse complicité de la nature, Psyché enchantée, s'endort d'un sommeil calme et profond. Cupidon qui ne peut supporter l'éloignement de son amante, *pense* alors à elle, la recherche, parvient à la réveiller et, rameutant ses parents Zeus et Vénus, obtient de l'épouser. De ce mariage rendu possible par ces mésaventures et ces métamorphoses d'amour, naîtra une fille du nom de Volupté.

On voit dans ce récit se dessiner l'antagonisme entre l'ardente pensée amoureuse suscitée par l'absence et le dangereux « vouloir-savoir » en amour recherchant les plus plates évidences ; entre la présence aimée et la représentation amoureuse ; entre la vérité d'une pratique et les exactitudes lisses du miroir spéculatif. On relève dans cette histoire comment une certaine absence de l'aimée suscite chez Cupidon une métamorphose de ses sentiments vers plus de réalité. On voit aussi une malédiction : l'obligation de se livrer à des tâches concrètes et difficultueuses, se transformer en bénédiction : la rencontre enchantée et bienheureuse avec la réalité, les choses les plus hostiles devenant objets amicaux.

Mais pour l'instant revenons au penser d'amour et remontons aussi loin qu'il est possible, au risque, dans cette quête des origines, de frôler les vertiges assez vains de l'abstraction et ceux plus réels de la désespérance.

Une dure affirmation s'impose : au début est la mort insistante et obtuse, l'inorganisé et l'inorganique, l'homogène, l'informe, le magma inerte, le statique, le tas, la chose, le tas de choses. Pour vous convaincre de cette mort primitive, de cette insistance du vivant à ne pas vivre, lisez, si vous êtes courageux, les textes de Freud sur la pulsion de mort, tendance fondamentale, initiale, chez tout être vivant, « plus ancienne que l'amour » et qui ne cessera de se manifester plus ou moins ouvertement tout au long de chaque existence, jusqu'à ce que, sotte, elle ait le dernier mot. Si vous avez plutôt le goût des formulations poétiques ou imagées, lisez Henri Michaux et son chant désenchanté ; entrez dans son univers construit « avec des loques... avec de la fumée, avec de la dilution de brouillard »... Entendez son constat :

*Glas ! Glas ! Glas ! sur vous tous, néant sur les vivants ;*
*Foi semelle inusable pour qui n'avance pas*
*Le monde, monde étranglé, ventre froid...*

Visitez ses « propriétés » à peine commencées que déjà défaites, inlassables à se dissoudre.

Pulsion de mort primitive, Thanathos inaugurale, dissolution et haine comme commencement et comme insistance prête à ressurgir dans le déroulement d'une vie. Voilà le noyau dur, insécable de la trouvaille freudienne et déjà, toujours, encore, de l'expérience humaine quand s'éteignent, le temps bref d'une panne, les diversions. Évoquer le penser d'amour doit partir de cette claire et dure constatation : ni le premier mot, ni le dernier mot ne seront pour Éros et la puissance de mort ne dormira jamais que d'un œil pendant que chantera et dansera le petit démon joufflu.

Pourtant la pulsion de vie, le mouvement d'amour en son triomphe provisoire sur la haine et la mort, on doit aussi le dire avec le calme, le relief et la force qui conviennent, est d'une richesse inouïe, apte et incline à la dépense la plus généreuse et gaspilleuse, à la prodigalité la plus démesurée. L'amour quand il y en a, il y en a à revendre, à jeter par les fenêtres, à répandre comme savent les fleuves en leurs crues les plus fécondes. Quand l'amour vit, c'est avec munifiscence, hors mesquineries et comptabilité, dégagé de tout système d'équilibre et d'adéquation. Si c'est de l'amour, ça déborde : « Quand on aime on ne compte pas. »

Quand Éros gagne sur Thanathos, ce n'est pas à moitié, il

est porté le prodigue à investir largement. Plus précisément : l'amant aime l'amante mais aussi tout ce qui l'entoure, mais aussi toute pensée, toute interrogation, toute imagination, toute réponse, toute ignorance qui s'y rapportent de près, de loin, de très loin ou d'encore plus loin. Ainsi aimer c'est, on l'a vu, s'enchanter d'une présence et s'employer ardemment à la connaître mais c'est aussi s'enchanter à explorer sans répit et sans compter une absence que l'amour habite.

En effet, la pulsion érotique investit un vaste champ de pensée qui excède largement la simple représentation de l'être aimé ou sa contemplation ainsi que Psyché fit de Cupidon endormi. Le mouvement de pensée que l'amour anime n'a guère de rapport avec l'acquisition vite faite d'un savoir, fruit d'une brève inspection ou, plus indirectement mais tout aussi platement, d'une réflexion spéculative visant à compléter et à « boucler » une conception descriptive de l'être aimé.

La pensée amoureuse a, tout au contraire, la forme d'un suspens interrogatif sur l'aimée dont l'amant fait ses délices. Ce suspens, étymologiquement, condition de toute véritable pensée, permet le déploiement de riches représentations et de longues chaînes d'association que nulle conclusion précipitée ne vient briser. Le déploiement de ce réseau complexe et toujours incomplet de figuration, requiert une disposition très particulière de l'esprit qui est précisément celle que crée le sentiment amoureux : une source d'énergie surabondante puisque toute proche de ses origines pulsionnelles ; une méconnaissance acceptée, reconnue, subtilement cultivée de l'être aimé. J'ai dit combien ce que l'amant recherchait, attendait chez son amante c'est ce qui est en elle inconnu et mystérieux, y compris pour elle-même : j'ai dit le charme, la grâce... Bien plus, la puissance de curiosité qui chez l'amant se met ainsi en recherche il ne la connaît guère lui-même. Il n'en discerne ni les causes ni les manières, elle lui échappe, il n'en a aucune maîtrise.

Et pourtant la présence de l'aimée s'impose, non certes comme une évidence statique, mais comme une ardente insistance. L'amour met ainsi en jeu une dialectique de l'instamment donné à voir et du caché, voilé, ignoré. Ce dispositif constitutif de la relation d'amour, très instable et terriblement dynamique, « délicieux et esquintant » selon la belle formule de Joseph Delteil, on en trouvera une jolie métaphore dans la coquetterie féminine qui demande aux vêtements dans le même temps, de cacher et de laisser voir, au gré des mouvements du corps, d'un souffle de vent, d'une bienheureuse négligence.

Mais il y a lieu de s'essayer à plus de précisions pour dire comme la pensée amoureuse a d'espace, de dimension, de perspective ; comme elle a lieu à déploiement ; comme l'amour laisse à penser à l'amour.

Éros en sa surabondance, permet à l'amant d'échapper au déni qui fonde banalement les relations où l'amour n'a pas donné le *la*. Les relations modèle courant, le commerce journalier des hommes et même les amourettes à la n'importe, s'établissent, en effet, le plus souvent sur des bases où sont déniées implicitement des réalités simples mais embarrassantes pour les amateurs de « contacts » vite faits et les adeptes convaincus du « il n'y a pas de problème ».

Or, problèmes il y a puisque, non seulement je ne suis pas toi mais aussi je ne suis pas comme toi et toi pas comme les autres ; parce que tu es femme et moi homme avec les particularités tellement particulières de nos sensibilités, désirs, fantasmes, si masculins, si féminins. Problèmes il y a aussi puisque je ne connais, tu ne connais que la partie émergée, consciente, de mon, de ton désir, alors que, précisément, c'est dans les replis ombreux de nos cœurs que naissent, prennent forme et s'épanouissent nos pensées et nos mots d'amour. Ainsi les conditions de différence et d'asymétrie sont présentes pour que s'élabore — l'aimée n'étant jamais là où l'amant pourrait l'imaginer par une hâtive projection de lui-même — le grand œuvre de fantasme et de pensée, base et fondement de la vie en amour. Puisqu'elle n'est pas où je suis ni où je l'imagine, où est-elle ? Pourquoi ? Que fait-elle là ? Comment ? Puisque décidément elle n'est pas à moi, ni comme moi, comment est-elle, qui est-elle, que désire-t-elle, quelles sont ses pensées, ses troubles, ses ardeurs, ses clartés, ses nuits ? Puisqu'elle est aussi imprévisible à mon attente, à elle-même, qu'est-ce qu'elle ne va pas encore chercher, trouver, pour notre bonheur, malheur ?

Je croyais l'avoir trouvée, comprise, conquise, saisie et voilà qu'elle m'échappe ; pourquoi cette tristesse ; cette longue conversation au téléphone ; pour qui cette robe, si belle, étonnante, incroyable ? Pour moi, pour elle, pour un autre, une autre, pour rien, pour la beauté, pour l'amour ? Pour nous, j'espère, je pense, je crois, j'espère, oui je crois que j'espère... Et ce mouvement du corps en marchant, comment se fait-il que ce soit mon trouble et bonheur ; si peu et tant ; si simple et inexplicable. Ce livre qu'elle lit, une heure, deux heures, qu'y a-t-il qui la convoque aussi longuement, quel est son rapport secret avec le personnage, l'histoire, l'auteur, le langage, l'absence ? De quoi parle-t-il, à qui ? Pourquoi écrit-on des livres ? Pour être lus par elle sans doute, sûrement... Si j'écrivais, ce serait pour elle... Comment fait-elle pour parler ainsi aux animaux, aux enfants ? Pour toucher, à peine, délicatement, les fleurs ? En recevoir sur le visage les baisers multicolores ? Quel est son accord, sa connivence, avec les « simples » : enfants, animaux, fleurs ? Un peu végétale peut-être, René Guy Cadou ; paléolithique, Delteil ; fraternelle, amicale peut-être, sans doute...

Ainsi va la pensée amoureuse dans une divagante, zigzagante promenade ; ainsi se mène une rêveuse enquête dans le pays de l'étrangère : « J'aimais déjà les étrangères quand j'étais un petit enfant... » Seul l'amour amoureux invite à cette pensée voyageuse en pays étranger, cette complaisance à interroger sans relâche l'étrange étranger.

Merveille : l'amour qui ainsi interroge est aussi celui qui s'autorise à répondre. Non content de penser à l'aimée, à nous la représenter dans sa radicale et fascinante étrangeté, dans le plus intime de notre fort intérieur, Troyen heureux du mystérieux cheval en ses murs, nous lui donnons, lui prêtons, dans la même pensée d'amour, une parole. Mais l'amour est délicat, il s'y reconnaît autant et plus qu'à l'ardeur, et la moindre délicatesse est de ne pas parler à la place de l'aimée. Alors, dans ce dialogue intérieur, l'amant certes imagine, mais c'est plutôt par remémoration qu'il procède. Il puise dans cette mémoire prodigieuse dont les éléphants, dit-on, et les amoureux, sûrement, ont le privilège, pour répondre aux questions qu'élabore son esprit énamouré. Une phrase, un mot, prononcés par l'aimée, un jour, une semaine, un mois, un an plus tôt, dans des circonstances quelque peu analogues, sont repris dans le tissu de sa songerie. Mieux encore : dans sa délicatesse, la pensée amoureuse paraît souvent développer ses questions à une réponse déjà là, inscrite dans le fabuleux album des souvenirs d'amour. Trois mots ont été dits il y a un an et voilà qu'aujourd'hui, autour d'eux, s'enroule une volute de questions, pousse dru un buisson de pensées, d'idées, d'évocations. Il se fait là un travail qui égale celui des plus savants exégètes habiles à faire parler quelques textes vénérables et à accoucher le sens et la signifiance d'antiques et précieuses paroles. Il y a là sans doute le plus subtil de « l'art d'aimer », cousine complice et familière de l'art poétique.

C'est le « travail amoureux » où, comme la lisse du tapissier va et vient sur la trame, dessinant peu à peu une figure, l'esprit court du fantasme en ses replis ombreux à la claire pensée, pur bonheur de conscience, pour rencontrer enfin le souvenir d'un geste, d'une parole, d'une attitude de l'aimée.

Il se tisse là, au fil d'un temps intime le portrait secret de l'amant, de l'amante. Inlassable à imaginer, à se reprendre, à se souvenir ; et encore imaginer, et encore penser et encore reprendre : un mot, une phrase, un geste de l'aimée. L'amant pratique l'art de la méandre attentive, de la reprise fervente, du jeu antagoniste, « délicieux et esquintant » du même et de l'autre tel que l'évoque, pour qui sait entendre, la musique de Bach ou de Ravel.

Quel audacieux sacrilège mettrait sur la musique des *Partita* ou du *Boléro* ces paroles banalement étranges : M'aime-t-elle ? Je l'aime, oui je l'aime. M'aime-t-elle ? Son corps qui marche vers moi... Que suis-je pour elle... Elle me l'a dit : je ne te quitterai pas un jour, pas une minute... Que pense-t-elle à présent... Ses yeux si brillants et doux, oui doux et brillants... Elle est heureuse, le sait-elle... Et notre avenir ? J'ai un voyage au cœur, plein sud, la lumière, le soleil sur la mer... Son corps sortant de l'eau ruisselant, les cuisses luisantes, le sourire mouillé, les cheveux plaqués en casque triomphal ; bonheur de ne rien faire avec elle, étendus sur le sable, vagues aux pieds. Grandes, larges, étales vacances... Elle va rentrer, un livre l'attend qu'elle aime... qui l'aime ? Le lirai-je...? Son geste, son mot qu'à elle, je n'en guérirai jamais... « C'est toujours la première fois quand sa robe en passant me touche... » Il a bien dit le poète, bien vu le bougre...

Ainsi va ce dialogue intérieur où les réponses ne répondent pas aux questions avec rectitude, exactitude, mais renvoient à une inlassable reprise mélodique, accouchent de mille pensées, déploient une prodigieuse maïeutique du cœur.

Les pensées interrogatives que l'amour anime sont-elles donc promises à ne jamais recevoir, définitives, claires et nettes, de celui, de celle à qui elles s'adressent, les bonnes réponses qui feraient preuve ? Il serait absurde d'attendre en amour que les mots argumentent des preuves comme au commerce ou au prêtoire. Il convient de dire plutôt que la pensée et les mots d'amour sont mis à l'épreuve dans le quotidien de la réalité aimante : épreuve du bonheur, de la durée, de la vérité et donc de la réalité ; épreuve aussi des corps et des paroles accordées.

Les plus ardentes pensées d'amour s'éteindraient comme des feux de Bengale dans la nuit d'été si le bonheur ordinaire n'y apportait sa vérification au cœur des existences mêlées, des vies tressées des amants. S'il est vrai « qu'il n'y a pas d'amour heureux » au sens minéral, massif, immanent d'un « état », il est plus vrai encore qu'il n'y a pas d'amour malheureux. Que le seul malheur est de ne pas être amoureux et donc livré aux seules et stupides blessures de l'amour propre. Le bonheur est le nom propre de l'amour, son indubitable signature.

La vérité, la réalité viennent aussi faire réponse aux pensées d'amour. « La vraie vie est ailleurs » écrivait Rimbaud ; oserai-je ajouter qu'il n'y a pas de plus pur « ailleurs » pour l'homme et la femme que leur existence amoureuse. On reconnaîtra que l'amour est venu à la vérité simple d'un geste, d'un mot, d'un rapport aux choses, aux gens, donnant à la trame des jours leur pleine consistance et leur réalité drue. La reconnaissance d'amour se lit dans le titre de Neruda : *J'avoue que j'ai vécu*. En contrepoint on entendra Aragon avouer, lui, le vide et l'irréalité de son existence avant que « l'amour vienne » : « Je ne sais depuis quand j'étais là sans être... »

On saura aussi qu'une pensée est d'amour quand elle se déploie dans une durée vivante. Si le fantasme est « ce qui arrive tout de suite à part qu'il n'arrive rien » (Winnicott), la pensée amoureuse qui en est la subtile transposition par le langage dans le clair de la conscience, est bien au contraire l'amie du temps qui passe autant que l'alliée de la réalité. On dira plus loin que la durée d'amour emprunte les chemins des métamorphoses : c'est le déploiement des pensées amoureuses dans leurs changements et leur insistance qui inspire chacune des figures multiples, diverses et semblables comme les flammes au feu, de l'existence tressée des amants.

La pensée amoureuse procède également par rendez-vous secrètement, ardemment projetés et imaginés avec le corps et la parole de la bien-aimée, à la recherche d'un accord qui a valeur et signification de reconnaissance. L'existence des amants, même de ceux qui vivent côte à côte, est ainsi faite de l'alternance de préparatifs de la fête prochaine et de l'avènement attendu de la rencontre où le corps parle, éloquent ou murmurant, allusif ou précis, où la parole frémit, défaille, s'enflamme, saisit, échangeant l'un l'autre leur rhétorique propre. Mes pensées ne m'ont pas trompé puisque tu me dis, me fais l'amour là où je t'attendais, guidé certes par des souvenirs, mais aussi, surtout, par la projection de mes rêves réfléchis dans les mots et les images que j'ai pensé pour toi.

Je vous entends : « Utopiste ! irréaliste ! optimiste fieffé ! rhapsode patenté et incorrigible ! narrateur idyllique ! Que fait-il des fiascos, des affaissements, des ratés, des *misfits* de tous ordres ? » Ai-je dit que ces rendez-vous imaginés, préparés, donnés, accordés, étaient des convocations obligées, des sommations péremptoires, des mandats à comparaître. J'ai dit : « rendez-vous », « rencontres », « reconnaissance », avec les aléas, les ratages possibles que ces mots impliquent.

Mais je parle ici, comme j'essaierai de le faire dans chaque page de ce livre, de l'amour dans tous ses états, sauf dans son état de maladie ou d'absence. A quoi bon prouver le soleil par l'ombre, expliquer la respiration par le catarrhe, la danse par la chute et la musique par le couac. Si vous me le demandez, je vous ferai des pages, savantes et pas drôles du tout, sur ce sujet ; mais pour l'heure laissez-moi ôter mon chapeau pointu et déposer mon clystère de Docteur Tant-Pis. Je préfère, voyez-vous, prouver le soleil par le soleil, la marche en marchant et l'amour par l'amour.

A ces figures où l'amour se donne à voir : embrasement, passion, folie, force, érotisme, connaissance, pensée, il y aurait lieu ici d'ajouter son plus beau visage, noble et gravé par les sillons du temps : je veux dire l'histoire, l'histoire d'amour, l'histoire d'un amour. On y lit dans sa perfection, la transcendance ordinaire, l'insistance obstinée et journalière de l'élan amoureux, la pure spécificité des amours humaines.

Mais c'est plus loin, à part, *in fine*, que j'écrirai cela, que l'amour est histoire vécue, comprise, évoquée, racontée, espérée ; que cette histoire est le chemin des amants qu'ils se complaisent à parcourir et dont ils aspirent à découvrir les perspectives nouvelles avec l'espérance :

*De vivre encore et de connaître*
*Notre histoire jusqu'à la fin.*

# 3. Le régime amoureux

C'est d'être histoire que l'amour des hommes et des femmes prend sa plus essentielle dimension. Mais il reçoit la marque de sa radicale spécificité du régime bien particulier de son existence, c'est-à-dire de la manière dont il se fonde, échange, demande et reçoit.

Au commencement de la vie est la mort, « plus ancienne que l'amour », je l'ai rappelé. Mais au commencement de l'amour est la vie. Une forme bien particulière de vie, en plénitude et liberté, en ouverture et sensibilité, en force jubilante et exultante qui porte un beau nom, bref comme un cri et ruisselant de voyelles : la joie.

Il est difficile, hasardeux, d'écrire sur ce sentiment premier, neuf, irradiant, sur ce soleil vif du corps, du cœur, de l'être, sinon par le biais de paraphrases ou d'images. « Sentiment global et heureux d'être vivant » écrivirent à son sujet de savants psychiatres. « Immense orgueil d'être jeune et vivant » a chanté Aragon. « Le désir qui naît de la joie est resté plus fort que le désir qui naît de la tristesse », a précisé Spinoza. Claudel, fougueux, s'exclame : « Ce n'est pas un mot vague... mais une horrible, une superbe, une absurde, une éblouissante réalité ! Tout le reste n'est rien auprès. »

Ce mot solaire désigne une réalité qui pourtant s'explicite : il y a joie lorsque l'homme désarme des combats absurdes qu'il mène contre lui-même en de sombres opérations de guérillas intestines ; joie, lorsqu'il désarme dans la guerre d'usure ou de rupture qu'il se croit, aveuglément, obscurément, obligé de mener contre tout ce qui l'entoure et même tout ce qui existe : le monde, les objets, les institutions, les gens jusqu'aux plus proches. Joie s'il acquiesce à lui-même et s'accorde à ce qui l'entoure. Joie quand à l'unisson s'élève de chaque fibre de son corps et de chaque repli de son âme le *Cante Rondo*, chant fondamental, Péan majeur et pacifique, pure mélodie et juste tempo.

L'homme, la femme, ainsi saisi par la joie est en danger d'amour. La corde est tendue, l'archer n'est pas loin. Le foyer est prêt, le feu est proche. La musique a trouvé sa couleur et son rythme, la danse va commencer. La vie a pris l'élan qui la fera se poser en douceur dans les vertes prairies de l'amour.

On me dira que parfois des amours naissent dans un temps de tristesse, dans l'abaissement de fatigues, découragements, dépressions... Je maintiens que même en ces froidures du cœur et en ces existences glacées, l'amour prend naissance dans des germes de joie, spores dissimulées mais bien vivantes sous les épaisseurs du gel ou au cœur des déserts arides. L'amour, ai-je dit, manifeste la surabondance ; Éros est de nature prodigue et il ne commence à affûter ses flèches et à tendre son arc que lorsqu'il est assuré par quelques signes, reconnus de lui alors que tous grelottent, que le printemps est proche. Plus savamment et précisément je témoignerai que l'issue d'une traversée dépressive s'annonce souvent par la naissance ou renaissance d'un amour, émergence inattendue dans une existence hier encore inerte et vide d'espérance.

On mesurera l'intensité, la profondeur d'une vie amoureuse à la joie où elle s'enracine. De même, on mesurera son rétrécissement, son extinction, son absence au chagrin qui lui fait escorte ou à la peine où il s'épuise. Chagrin d'amour, peine d'amour, j'ose l'écrire, ne sont en rien signe d'amour mais plutôt d'une « affection » blessée, frêle soubresaut d'un cœur rétracté. L'amour, j'y insiste, n'a qu'une seule mère légitime : la joie dans sa généreuse splendeur.

C'est le temps de dire encore où se porte cette belle générosité, cette joyeuse prodigalité et selon quelle forme se fait le don et l'offrande d'amour. Rappelons-nous ce que nous raconte Apulée des métamorphoses amoureuses de Psyché et Cupidon. Le Dieu-Amant au début de l'histoire, est plutôt un séducteur. Il va combler, souvenez-vous-en, sur les ordres de sa mère, la belle Psyché de toutes sortes de dons généreux, non seulement en richesses, mais en plaisir d'amour. Cela ne suffit pas à Psyché qui veut le connaître, entraînant ainsi la séparation et les catastrophes que l'on sait. C'est du fond de cette absence que Cupidon, de séducteur deviendra amoureux, recherchera sa maîtresse pour lui avouer le besoin, le manque, le désir qu'il a d'elle.

Il n'est plus alors chargé des mille présents gadgets du *playboy* fils à maman, mais au contraire démuni, en mal du seul être qui lui importe : la belle Psyché lointaine et endormie. Il ne lui offre pas alors ce qu'il possède mais, selon la belle et célèbre formule lacanienne, « ce qu'il n'a pas » : la béance de son désir, la tension de son manque d'elle, sa misère sans fard. « L'amour rend pauvre » écrit sèchement et crûment Sigmund Freud. C'est cette pauvreté que Cupidon offre à Psyché, c'est en pauvre qu'il supplie Zeus et Vénus de l'autoriser à épouser celle qu'à présent il aime. Ce don de la pauvreté, du manque est au cœur de l'échange amoureux dans la singularité de son régime.

Le « don de ce qu'on n'a pas », vise-t-il pour l'amoureux à obtenir, comme le voudrait le sens commun, une réponse de la bien-aimée qui viendrait combler le manque dans la générosité chaleureuse d'une oblation ? Il y aurait en quelque sorte un pauvre qui demanderait à un riche, l'aumône de quelque chose qu'il posséderait ? Ce dispositif n'est certes pas absent de la rencontre amoureuse et se présente caricaturalement dans une de ses figures les plus baroques : la parade d'amour. Un homme, tel Cupidon première manière, fera étalage et libéralité non seulement de ses richesses sonnantes et trébuchantes, mais aussi de sa belle âme, de son bel esprit, voire de ses biceps et de ses pectoraux, tout cela légèrement gonflé pour l'occasion comme le jabot du pigeon épatant et appâtant la pigeonne pour... la pigeonner. « Voyez comme j'en ai ! nul n'en a pareillement ! Vous qui en manquez, appareillez-vous à moi, à nous deux nous ferons la paire, nous parerons à tout manque, nous formerons un bel appareil (selon le *Larousse* : assemblage de pièces faites pour fonctionner ensemble) ; un appareil complet et adéquat pour une splendide et suffisante parade nuptiale et pour parer aux risques du mal d'amour. »

Ceci, pendant le temps bref de l'illusion amoureuse, laissera croire hâtivement à l'un et à l'autre que les deux font la paire. Mais une autre réalité s'imposera bientôt : le don de ce qu'on n'a pas, la reconnaissance de son manque apportés à l'autre, à celui pour qui « on a des faiblesses », ne rencontre en régime amoureux aucune réponse durable dans le registre ordinaire où celui qui a, donne ou vend à celui qui n'a pas. En amour, la réponse au don de ce qu'on n'a pas, c'est un autre don de même nature, lui aussi informé et structuré par le manque. Au « je t'aime ! » de l'amant, l'amante ne répond pas : « soit, tu m'aimes, je vais m'en occuper et désormais tu ne manqueras plus de rien en ce domaine ». Si c'est d'amour que leur lien est tissé, elle ne saura répondre, pour le bonheur de l'amant, que par un autre « je t'aime ! », tout aussi pauvre, manquant et demandeur. Cette situation trouve une illustration allégorique dans le conte de Tagore[1], bien connu, mais qu'il me plaît de redire ici :

« J'étais allé, mendiant de porte en porte, sur le chemin du village lorsque ton chariot d'or apparut au loin pareil à un rêve splendide et j'admirais quel était le Roi de tous les rois !

Mes espoirs s'exaltèrent et je pensais : c'en est fini des mauvais jours, et déjà je me tenais prêt dans l'attente d'aumônes spontanées et de richesses éparpillées partout dans la poussière.

Le chariot s'arrêta là où je me tenais. Ton regard tomba sur moi et tu descendis avec un sourire. Je sentis que la chance de ma vie était enfin venue. Soudain, alors, tu tendis la main droite et dis : "Qu'as-tu à me donner ?"

Ah ! quel jeu royal était-ce là de tendre la main au mendiant pour mendier ? J'étais confus et demeurai perplexe ; enfin de ma besace, je tirai lentement un tout petit grain de blé et te le donnai.

Mais combien fut grande ma surprise lorsque, à la fin du jour, vidant à terre mon sac, je trouvai un tout petit grain d'or parmi le tas de pauvres grains. Je pleurai amèrement alors et je pensai : "Que n'ai-je eu le cœur de te donner mon tout !" »

Cette histoire peut sans doute être lue dans une perspective mystique qui n'est pas ici notre propos. Il situe aussi, en de simples images, la pointe spécifique de l'échange amoureux. Mais il convient d'expliciter ce que représente le grain d'or pour les amants qui, se détournant des artifices de la parade, en viennent à échanger leur manque. Revenons pour cela au conte d'Apulé. Psyché qui a vu s'évanouir le fabuleux trésor que Cupidon avait étalé devant elle, comment trouvera-t-elle les grains d'or pur de l'amour. Cupidon, on s'en souvient, se découvrant pauvre, reconnaîtra et avouera son manque d'elle. Il n'a plus de richesses à offrir mais la béance ouverte de son pauvre amour, la tension désirante qui, dans la défaillance de ce qu'il a, lui révèle ce qu'il est : amoureux. Renonçant à parader dans les fastes mis à sa disposition par sa chère maman, il se reconnaît et se fait reconnaître

1. *L'offrande lyrique*. Trad. André Gide, Gallimard, Paris, 1914.

comme être de désir. Il n'a plus rien à offrir que ce qu'il est, c'est-à-dire son désir.

*Cet amour,*
*Têtu comme une bourrique,*
*Vivant comme le désir,*
*Cruel comme la mémoire,*
*Bête comme les regrets,*
*Tendre comme le souvenir,*
*Froid comme le marbre,*
*Beau comme le jour,*
*Fragile comme un enfant,*

dont Jacques Prévert[2] a su pour toujours dessiner en quelques lignes le portrait.

L'amant qui se détourne de la parade, a changé d'identité ; il est devenu son amour, lui même désir et demande. Quand les richesses de parade sont ramenées à leur pure facticité, l'amant demande qu'on l'aime, le connaisse, le reconnaisse en reconnaissant son désir. Les mots d'amour ne frappent à la porte de l'aimée que pour dire : « Me voilà » et pour entendre : « Te voilà. En cet amour que tu dis, je reconnais ce que tu es, toi qui te moques de ce que tu as. »

*Qui est là ?*
*Personne ;*
*C'est simplement mon cœur qui bat,*
*Qui bat très fort à cause de toi,*

écrit encore Prévert[3].

Ce n'est pas moi qui frappe, qui te fait signe ; c'est mon amour pour toi qui t'appelle et c'est toi qui donnera à ce signe, à cet appel, sa signification. A son tour tu m'appelleras en disant mon nom : « Je t'aime ; pour toi je ne suis

2. *Paroles*, « Cet amour », Gallimard, Paris, 1972.
3. *Histoires*, « On frappe », Gallimard, Paris, 1963.

qu'amour et toi tu as reconnu et baptisé cet amour de nos deux noms emmêlés. »

Dans cet échange si particulier, je t'ai donné seulement l'aveu de mon manque de toi ; et toi, qui me connaissais comme un parmi d'autres, m'as reconnu comme ton amour. Psyché croyait connaître Cupidon dans ses libéralités de parade ou après son inspection nocturne, mais elle ne l'a reconnu que dans l'aveu de son amour pour elle. Je gagerais que dans son palais, elle le nommait « mon Seigneur et Maître » ; en l'examinant subrepticement durant son sommeil elle s'écria : « mon Dieu ! » ; mais plus tard, se réveillant devant cet homme qui l'avait ardemment imaginée, cherchée, trouvée, éveillée, Psyché l'a enfin reconnu en murmurant : « Cupidon, mon amour. » Ramenant le poème à son inspiration d'origine, elle aurait pu dire dans la langue d'Éluard[4] :

*Sur toute chair accordée,*
*Sur le front de mes amis,*
*Sur chaque main qui se tend,*
*J'écris ton nom.*

*Sur la vitre des surprises,*
*Sur les lèvres attentives*
*Bien au-dessus du silence,*
*J'écris ton nom.*

*Sur l'absence sans désir,*
*Sur la solitude nue,*
*Sur les marches de la mort,*
*J'écris ton nom.*

4. *Poésie et vérité, 1942,* « Liberté », Ed. de Minuit, Paris, 1943.

*Sur la santé revenue,*
*Sur le risque disparu,*
*Sur l'espoir sans souvenir,*
*J'écris ton nom.*

*Et par le pouvoir des mots*
*Je recommence ma vie,*
*Je suis né pour te connaître (te reconnaître)*
*Pour te nommer : Cupidon.*

Ainsi la demande d'amour trouve sa réponse dans un signe de reconnaissance et dans un nom prononcé. Et pourtant nul n'ignore que c'est dans les nuages roses du plaisir qu'advient cet acte de reconnaissance. Mon aveu a forme de demande et, ne te trompant pas, tu as dit mon nom. Mais une musique accompagnait ta voix, un bruissement doux et intense circulait dans nos corps. Le don d'amour en sa pauvreté demande reconnaissance et c'est dans l'espace du plaisir que se produit cet échange singulier. « Tu as donné un nom, mon nom, à ce manque de toi, à mon désir et ce faisant, c'est le feu que tu as allumé, brûlant les aridités du manque comme les bimbeloteries de la parade. L'incendie a couru la distance de toi à moi, de moi à toi ; a mêlé en un instant dans le même brasier nos sèches et cassantes différences. Je m'avançais, t'offrant ma pauvreté et par le pouvoir d'un mot : mon nom mêlé au tien, gravé sur le même tronc, c'est une longue flamme rouge qui s'est élevée, éclairant de la même lumière nos visages rassemblés, unissant de la même brûlure nos corps rapprochés, effaçant dans un éclair rouge toute idée même d'échange mercantile, c'est-à-dire pervers, où chacun ne donnerait qu'en se réservant ou ne s'engagerait qu'en se préservant. » La reconnaissance du désir amoureux, de la faiblesse d'amour, trouve son assomption flamboyante dans les excès de ces embrasements où le manque, la distance, la différence, s'effacent pour un temps.

Nous avons choisi de parler ici de l'amour heureux, celui

qui se fait, où la demande reçoit réponse c'est-à-dire reconnaissance dans l'ardeur du plaisir. Il convient pourtant de préciser les conditions privilégiées dans lesquelles cet échange se poursuivra, de demandes inlassables en perpétuelles reconnaissances, se déployant dans la pleine durée d'une histoire. Il y a lieu pour cela d'évoquer ici l'antinomique parfait de la parade : je veux dire l'intimité. Aux gonflements avantageux, à l'étalage de ce qu'on a, à la démarche paradante qui secrètement pare à tous dangers d'amour, s'opposent la fragilité et la délicatesse où les amants vivent la proximité troublante de leur intimité.

Se présenter en pauvre, dans la nudité de son désir, répondre par un signe de reconnaissance et par une demande, elle aussi sous le signe du manque : ce mode de relation insolite et risquée ne peut opérer de façon heureuse et durable que si une disposition bien particulière unit les amants l'un à l'autre ; elle a nom : l'intimité. L'exposition de soi-même dans cette nudité, au propre comme au figuré, constitutive de la relation d'amour, suppose en effet, rend nécessaire un environnement particulier, un lieu réel, mais surtout un espace et un rapport psychique et interpersonnel bien spécifique, espace et rapport intimes.

On pourra y discerner tout à la fois l'aménagement d'une certaine solitude à deux, la pratique d'une sollicitude réciproque et l'ouverture par la puissance de la parole amoureuse d'un espace psychique habité par ce que l'on peut nommer une mythologie commune.

« Les amoureux sont seuls au monde. » Cette solitude leur est « donnée par les Dieux » avec le premier « je t'aime », mais elle devra s'établir et se fortifier par un perpétuel détournement des amants des miroitements et des tourbillons du monde. Est-ce à dire que j'imagine l'amour comme celui de

Paul et Virginie en leur île déserte ? On a sans doute déjà compris que je parle ici autrement qu'en descriptions et recettes extérieures mais plutôt en évoquant des dispositions intérieures. La solitude des amants c'est sans doute dans le privé de leur logis ou dans l'intime de leur chambre qu'ils la trouvent ; c'est aussi et peut-être surtout dans la manière de regarder et de nommer très différemment ce qui s'inscrit dans leur vie amoureuse et ce qui ne s'y inscrit pas. Pour qui aime, cette distinction est simple et tranchée : il y a d'un côté leur univers, que l'amour a marqué du sceau de l'intimité et que se partagent les amants et de l'autre tout le reste : le vaste monde, proche ou lointain, connu ou ignoré, que tous deux, insouciants et sûrs de leur domaine privé, n'hésitent pas à partager avec l'espèce humaine tout entière.

Est-ce à dire que cette intimité solitaire s'offre sans peine et sans retour à ces deux-là que l'amour a saisis ? J'ai écrit plus haut qu'Éros n'est pas seulement chasseur mais aussi terriblement ingénieux et industrieux. Il se plaît aussi à préparer le lit le plus doux, le nid le plus douillet. Fort de sa connaissance sur l'aimée, de ce qu'elle aime, de ce qui fait ses délices, de ce qui inspire ou facilite son trouble, de ce qui la met en amoureuse faiblesse et de ce qui au contraire la fige ou la ferme en d'obtuses défenses, l'amant instaure et tisse la trame où leurs deux vies tressées trouverons aisément leur place, où les fils enlacés de leur existence d'amour pourra courir sans entrave ni nouure. Cela, comme tout ce qui se tisse, est longuement et finement ourdi et ne va pas sans quelques minutieuses attentions à des détails qui, dans un ouvrage d'une autre nature, pourrait sembler de peu d'importance. On appelera ces soins sagaces apportés à mille petites choses qui font la vie amoureuse libre et sans butée : la délicatesse, nous souvenant de l'image de la bête prise dans des rets et que des doigts habiles et doux délivrent en dénouant finement chaque nœud. La sollicitude, la délicatesse nées de l'amour et instruites par lui, sauront reconnaître dans leur matérialité simple mais significative, l'importance d'une porte mal fermée, d'une revue qui traîne, d'un bouquet de fleurs apporté en grand mystère et offert dans l'élan de la surprise, d'un vêtement choisi pour plaire, d'une distraction malencontreuse, d'un bricolage astucieux qui facilite le quotidien, d'un peu de cendre sur le tapis : petite tache au bonheur, petite tâche à accomplir pour réparer. Ainsi va l'instinct nidificateur de l'amour qui entre mille sait choisir la fine plume, le juste brin ; écarter le grain dur, l'herbe rêche, la douloureuse épine. Ainsi se constitue en une attentive et régulière sollicitude ce qui suscitera et permettra la troublante aventure d'une intimité partagée.

« Mon langage c'est beaucoup ma maison » chante Vignault, le voyageur hospitalier qui en quelques vers nous ouvre la porte de son univers. Les mots d'amour qu'échangent les amants, les aveux, les demandes, les signes de reconnaissance, se déploient dans un espace affectif qui n'est qu'à eux, fondant et bâtissant une demeure de langage dont l'intimité est sans doute plus difficile encore à pénétrer que le lieu le plus privé de leur logis.

Si d'aventure vous entendez, curieux ou indiscret, des amants se parler, non seulement d'amour, mais même de ce qui donne forme, lieu, vie, existence à leur lien amoureux : souvenirs, projets, intérêts de toute sorte, propres ou partagés, vous sentirez comme de tout cela vous restez radicalement étranger ; que non seulement cela ne vous regarde pas, mais que littéralement cela ne vous « parle » pas. Vous comprendrez chacun des mots prononcés, mais la signification globale de leurs propos dans leur richesse et leur mystère, vous échappe ; le sens ne vous atteint pas. Entendant par hasard ces mots où l'amour se chante à voix haute ou se murmure à l'oreille dans un joli duo à usage interne, intime, les sots se moquent, les méchants ricanent, les sages eux, qui savent ce qu'aimer veut dire, s'éloignent doucement en souriant, avec une affectueuse envie pour les habitants de ce pays qui n'est pas le leur, le pays du bel amour au vocabulaire singulier et à la langue chantante.

Tout n'est pas effet de pur langage dans l'intimité amoureuse. Si cet espace de paroles privées est ouvert et le demeure, c'est en grande partie parce qu'il est habité par ce que j'appellerai une mythologie commune et propre aux amants. Sans doute faut-il expliciter ce qu'on doit entendre ici par mythe et mythologie et comment cela s'inscrit dans l'économie de l'échange amoureux. J'ai dit qu'au début de l'amour était la joie et qu'à son origine il prenait forme et figure, orientation et choix, dans cet ensemble d'images, de scénarios intérieurs, tapis aux frontières de la conscience que sont les fantasmes. L'amant tombe en amour pour l'aimée si quelque chose chez elle s'inscrit dans ce monde fantasmatique qui l'habite en ses profondeurs, souvent à son insu. Ainsi également de l'aimée qui reconnaît dans le désir de son amant des traits, des évocations de ses propres images intérieures. On a parlé à ce propos de fantasme originaire, fondateur et animateur premier du sentiment amoureux. Mais comment cette énamoration pourrait-elle se déployer en amour partagé et échangé s'il n'y avait une certaine similitude, en tout cas une compatibilité de ces images, histoires, récits, flous dans leur formulation mais riches de significations, que chacun des amants porte à son insu dans les profondeurs de son esprit. Cela se joue dans les premiers temps de l'existence amoureuse : l'épreuve de la compatibilité ou de l'incompatibilité des fantasmes. Là où je t'ai rêvée, imaginée : je t'ai trouvée ; là où je te parle : tu me réponds ; là où je t'attendais : tu es venue ; les mots que j'ai dits, que tu as dits, t'ont atteinte, m'ont atteint. Ainsi se tissent non seulement des mots, mais des images, des scènes, des récits privilégiés mais primitivement cachés et reclus que les mots d'amour ont eu précisément le pouvoir de mettre au jour de la conscience.

Ainsi les fantasmes originaires de l'amant devenus image, histoire, et récit, exposés, évoqués, racontés, offerts, partagés, se trouvent confrontés, puis mêlés à d'autres fantasmes originaires, ceux de l'aimée qui leur sont nécessairement proches, complémentaires, compatibles, pour que cet amour soit viable. Leur mélange, fort de leur enrichissement réciproque, exposé dans la clarté heureuse de la conscience commune des amants, continuera la mythologie originaire de leur amour.

Comme le fantasme, le mythe a capacité et vocation à se déployer ; à prendre corps et figure entière ; à faire récit, histoire ; à vivre et à s'étendre ; à s'enrichir et à se révéler, toujours et encore, tout au long de la durée d'amour. On voit alors se mettre en place dans l'esprit des amants un entrelacs commun de souvenirs, d'images, de rêves, de propos, de découvertes, d'œuvres lues ou écrites ; de gestes ou d'actions observés, médités ou réalisés ; de moments phares où l'amour se fait pure lumière ; d'instants flammes où de différence ou de distance il n'y en a plus dans l'ardeur mêlée du brasier. Ces histoires, récits, images où les fantasmes se font chair unie et verbe mêlé, constituent le fonds commun des amants, la mythologie du couple ; comme les mythologies des sociétés sont le fonds commun anthropologique où l'espèce trouve sa subsistance, sa consistance, son existence commune. Cela serait abstrait pour qui ne l'aurait pas éprouvé avec un être aimé : un voyage émerveillé dans un pays étranger que les amants s'offrent l'un à l'autre ; un geste d'amour inattendu dans un endroit insolite ; une urgence à s'aimer qui bouleverse un projet ; la découverte commune d'un livre, d'un film et les enthousiasmes mélangés, répercutés, multipliés ; la naissance d'un enfant dans une émotion telle que les larmes de joie des parents se mêlent sur sa peau encore mouillée de son séjour aquatique ; un cadeau offert, confondant de justesse et venant prendre place dans un désir qui s'ignorerait lui-même ; une ville où, assis au soleil, les amants regardent passer les passants, commentant dans des rires leur allure et leur dégaine.

Il ne faudrait pas se méprendre en évoquant le caractère intime, familier et en apparence infime et anodin des faits, récits, souvenirs dont se construit cette petite mythologie à usage interne. Certes leur « mise à plat » se formulerait simplement dans une banale narration. Mais, comme il en est des mythes fondamentaux des peuples, cette simplicité recèle un foisonnement de significations extrêmes et radicales. On ne s'étonnera donc pas que la constitution de ce trésor : précieux produit des fantasmes unis et incarnés dans des souvenirs mêlés, doive être considéré comme le fruit d'un véritable « travail d'amour ». Les grands mythes grecs ne sont pas nés de la fantaisie fugace d'un aède émoustillé mais bien de l'inlassable reprise dans un récit fondamental des événements, multiples et significatifs, qu'un peuple a communément éprouvés et qu'il se délecte à raconter en une forme narrative, simple et propice au partage. Les figures d'Apollon, d'Hermès, de Chronos ne sont pas les personnages innocents d'historiettes amusantes, mais bien des figures élaborées par toute une nation pour rendre compte de son existence et de son destin.

Il en va de même des souvenirs à forme mythique que se racontent les amants. Ils sont nés de la constatation qu'ils ont éprouvé, ensemble et d'une manière similaire, des sentiments ; qu'ils ont traversés dans le même élan, des événements, des découvertes ; du récit intérieur, mais aussi du propos exprimé que chacun des amants en a fait pour lui-même mais aussi pour l'autre ; de l'accord qu'ils ont trouvé dans ces propos croisés, mêlés, pour signifier la singularité de leur commune destinée. On voit là encore, comme nous l'avions déjà remarqué à propos des mots et des pensées d'amour, à quel point l'usage de la parole est indissociable de la vie amoureuse ; non pas seulement indispensable, mais littéralement constitutif d'un sentiment amoureux dans son partage et son plein déploiement. L'aveu ouvre un champ à l'amour, la pensée en trace les contours mais c'est cette mythologie privée qui en bâtit la demeure, lieu langagier pour ce rapport intime et tellement privé : le don de ce qu'on n'a pas.

J'ai dit que je ne voulais pas ici « prouver le soleil par l'ombre », verser de vains pleurs sur des amours mort-nées. Pourtant je me permets, tant me paraissent fondamentaux ces souvenirs « mythologisés », d'expliquer comment le mythe vient parfois à faire défaut, à défaillir et de quelle manière se trouve alors ébranlés non seulement le destin de la vie amoureuse, mais sans doute aussi l'existence véridique de chacun des amants. Il peut advenir en effet que dans le tohubohu échevelé et parfois violent qui accompagne le début des amours, le même événement, les mêmes découvertes ne soient pas éprouvés par chacun des amants en des termes similaires ou même simplement compatibles. Chacun alors garde le silence sur tel fait, tel instant, telle perspective, refrénant non seulement sa parole prononcée, mais aussi son langage intérieur et souvent même l'essentiel de sa pensée. L'amour se vit alors au hasard heureux ou malheureux des jours qui passent. Mais des blancs dans le « discours amoureux », une déchirure dans la trame de l'histoire des amants, en sapent la consistance et surtout empêchent que se constituent, dans le bonheur d'une création commune, les récits exhaussés et partagés en mythe, ce qui a été vécu et éprouvé au fil du temps qui passe. Parfois la mythologisation de ces deux existences amoureuses se trouve entravée à un niveau plus profond encore : celui de l'énonciation même. Il s'agit d'amants par trop divisés en eux-mêmes, certes attachés à s'aimer et dans le même temps, acharnés à ne pas s'aimer comme si l'amour était pour eux dangereux, problématique, persécuteur. Dans cette ambivalence des sentiments, dans cette ambiguïté de la situation amoureuse, tout se passe comme s'il y avait à la fois un attachement authentique et une véritable guerre d'embuscade ; « communauté réduite aux aguets », a-t-on dit. Il s'ensuit évidemment que dans cette guérilla absurde, le silence est la règle : l'amant, l'amante (peuvent-ils encore être appelés ainsi ?) s'observent, se guettent : masqués et silencieux. Comment pourrait alors se produire le beau travail, le grand œuvre du parler d'amour. Où seraient alors les mots qui cherchent et trouvent ; les demandes brûlantes où le désir s'expose ; où seraient les joyeuses reconnaissances par mille manières exprimées du bonheur de vivre ensemble. Surtout comment pourrait se produire la jolie création d'une histoire commune racontée à deux voix, chantée en duo et recueillie en trésor d'amour si précieux à exhumer quand passe le temps des froidures et des bourrasques.

# 4. L'histoire d'amour

J'ai dit que l'amour de l'homme et de la femme, en adoptant de multiples « dispositifs », se spécifiait selon un régime très particulier marqué d'une part par la radicale asymétrie des affectivités masculines et féminines et aussi par le caractère insolite de l'échange amoureux : échange « de ce qu'on n'a pas ». Cette asymétrie, cet échange du manque, je ne les ai pas relevés dans un souci de pessimisme esthétique, de cynisme désabusé confirmé par ma pratique psychiatrique et par l'étrange réflexion de Lacan pour qui « il n'y a pas de rapport sexuel ». Ceci au contraire, se réfère à une problématique éminemment dynamique, induite précisément par cette inadéquation des désirs de l'homme et de la femme qui ne sont ni identiques ni même complémentaires. Cette asymétrie, cet échange du manque, nous conduit à prendre en compte à présent ce qui, dans l'état amoureux tend à se transformer en histoire d'amour à cause même de cette asymétrie et de ce manque fondamental. Cette asymétrie, ce manque sont les conditions mêmes du déploiement de deux existences mêlées, tressées, tissées, partagées, comme le drap du lit d'amour où deux fils courent continuement, intriqués en permanence, mais toujours séparés.

Il en est des histoires d'amour comme de toute histoire : elles s'inaugurent par une coupure, une séparation, une distanciation ; elles se déploient grâce à une ardente nécessité alliée à un perpétuel changement ; elles sont soutenues en profondeur par un propos insistant : le verbe que les anciens nommaient « Logos » et que l'on appelle présentement « discours ». Cette accumulation de concepts abstraits durs et usés comme des pierres bousculées par la houle des générations, les images et les symboles que recèlent les mythologies, ont fonction de raviver leur forme, leur couleur et d'affûter leur tranchant. Nos créateurs, nos « fournisseurs » de mythes, sont grecs. C'est donc en les interrogeant que nous rendrons de la vie à ces idées trop pâlies, trop polies.

L'histoire, ai-je dit, prend son essor sur une coupure, une séparation. Sans une forte mise à distance, en même temps qu'à proximité, des uns et des autres, d'une nation et des nations voisines, d'une civilisation et d'une autre civilisation, mais aussi d'un homme et d'une femme, il n'y aurait que confusion, mélange informe, état statique, retour à l'inanimé, plongée dans le bain sans fond des origines, retour à la mer, à la mère, primordiale ; inceste, pour dire ce mot qui signifie : non coupé. Freud nous a parlé, après Sophocle, du drame aveuglant de la collusion d'Œdipe avec sa mère. Un autre auteur grec, le poète Hésiode, a exprimé cela dans une forme plus mythologisée encore, cosmique fantastique, dans une mise en scène exorbitante. Il raconte le récit des amours monstrueusement ininterrompues de la Terre : la déesse Gaïa, et de son fils, identique et parfaitement adéquat à elle-même, le sombre et céleste Ouranos.

Voici comment Marcel Detienne et Jean-Pierre Vernant [1], connaisseurs subtils de la mythologie grecque, racontent ces amours confuses :

« Ouranos se présente comme une puissance cosmique pri-

1. *Les ruses de l'intelligence*, Flammarion, Paris, 1974, p. 67-68.

mordiale : le sombre Ciel nocturne, constellé d'astres. Gaïa, la Terre, l'a enfanté sans s'unir à quiconque, par une sorte de duplication. Elle l'a fait égal à elle-même, pour qu'il la recouvre exactement en s'étendant sur elle. Le Ciel noir ne connaît pas d'autre activité que sexuelle. Vautré de tout son long sur la Terre, il l'enveloppe en entier et s'épanche en elle dans la Nuit. Cet incessant débordement amoureux fait d'Ouranos "celui qui cache" : il cache la Terre sur laquelle il vient s'étendre ; sans permettre à ses enfants de monter à la lumière, il les cache, au lieu même où il les a conçus, dans le giron de Gaïa, qui gémit étouffant en ses profondeurs. Comment Ouranos pourrait-il être roi d'un univers qui, faute de séparation complète entre la Terre et le Ciel, n'a pas encore pleinement émergé à l'existence. »

C'est alors que le fils né de ces amours monstrueuses, Chronos, qui deviendra en cela Dieu du Temps et de l'Histoire, sépare d'un coup de serpe dans l'organe sexuel de son père, ses deux parents ainsi confondus ; l'univers deviendra alors le cosmos organisé où se déploiera l'histoire des dieux et des hommes.

Il convient d'examiner ici comment s'opère cette coupure qui, séparant les amants, les ouvre à une histoire d'amour. Il nous apparaîtra que le mythe désigne, sous la forme condensée du seul coup de serpe, une expérience que les amoureux rencontreront à différents niveaux, même si l'essentiel — le tranchant séparateur — s'y retrouve toujours dans la même rigueur brutale et absolue.

La première coupure que chacun des amants aura à vivre au moment même où leur amour naît et se dit, c'est celle qui les séparera de leur monde ordinaire et familier. En tombant amoureux, on laisse aussi « tomber » une foule de liens hier encore très étroits avec une famille, des amis, des proches ; mais aussi des usages, des habitudes, un style de vie, une manière « d'être au monde ». Certes, après le choc amoureux, tout cela reste présent, à portée de main, de voix, de cœur. Mais leurs couleurs deviennent autres. Ils ne font plus les mêmes signes à ces deux-là qui désormais se réservent les plus vifs de leurs regards, les plus ardentes de leurs pensées, les plus insistantes de leurs attentions. Une ligne de séparation subtile mais nette, est apparue, distinguant ce qui fait partie de leur vie amoureuse et ce qui ne la concerne pas. On pourrait, à la manière d'un procédé cinématographique connu, figurer en couleurs les instants, les lieux où l'amour se vit, et en noir et blanc ou en sépia, ceux de la vie ordinaire. On verrait ainsi tel parent adoré, tel ami très cher, faire brusquement grise mine et s'estomper dans un fond de décor sans relief. Cette coupure inaugurale où l'histoire d'amour prend son essor a pu faire dire avec excès que « les amoureux sont seuls au monde ». Il conviendrait plutôt de dire que seul l'amour est capable de découper un monde à lui, bien séparé de l'autre.

Une seconde coupure, sans doute plus radicale encore et plus fondatrice d'histoire, sera éprouvée par les amants lorsque leur apparaîtra dans le tissu de leur vie commune non seulement les différences mais la radicale asymétrie de leur désir. Ils auront à connaître qu'un sujet désirant et parlant, à l'imagerie intérieure et au langage singulier, n'est jamais identique ni adéquat à rien ni à personne, même à son amour. Au fil des heures, des jours, des ans de leur vie commune ils apprendront à se connaître et donc à constater leur irréductible étrangeté l'un à l'autre.

Cette seconde coupure de sujet à sujet se retrouvera encore plus nette, plus tranchante, dans le vif de leur vie amoureuse, au cœur de la relation particulière qui unit les amants. J'ai souvent évoqué dans ces pages la radicale différence des fantasmes et des désirs au masculin et au féminin ; mais il convient d'ajouter que si l'angoisse d'aimer est commune à l'homme et à la femme, l'art et la manière de s'en prémunir :

cela qu'on nomme en psychanalyse les défenses, diffèrent profondément dans l'un et l'autre sexe. Ce n'est pas le lieu ici et tel n'est pas non plus mon désir, de développer ce que sont les défenses obsessionnelles (répétition, maîtrise, clôture sur soi-même) qu'affectionnent les hommes ; ni celles, hystériques (mouvement, éclipse, déplacement, fugue), dont les femmes ont le secret. Il me suffira de citer un mot de moraliste, celui de Jean Grenier, subtil observateur des replis du cœur humain. Du bout de sa fine plume, il note innocemment : « exemples de pléonasme : un homme égoïste : une femme insatisfaite... » Seuls ceux qui n'ont jamais aimé n'ont pas connu l'étonnement ébahi devant telle réaction, tels propos ou attitude de celui-là, de celle-là dont on partage les jours et les nuits. S'ils ont assez de lucidité courageuse, ils se souviendront peut-être alors de la coupante parole biblique. Dans le livre de la Genèse, Dieu, après avoir séparé la lumière et les ténèbres, le ciel et les eaux, la terre et la mer, les espèces vivantes les unes des autres, culmine cette œuvre de différenciation en créant l'homme à son image mais, selon le tranchant du texte biblique lui-même : « homme et femme il les créa ».

Une troisième coupure, encore plus intime, traverse le cœur de chacun des amants, les divisant en eux-mêmes. Laissons encore de côté, puisque ainsi n'est pas construit notre propos, les concepts freudiens de *Spaltung*, ou lacaniens de « fente » ou de « refente ». Qu'il nous suffise d'évoquer ce que Freud lui-même considérait comme « depuis longtemps connu et allant de soi » ; cela que Rimbaud désignait par le célèbre « Je est un autre » ou saint Paul dans une épître aux romains « ce que je fais, je ne le comprends pas ; ce que je veux je ne le fais pas, mais ce que je hais, je le fais » ; ou encore Lacan dans sa veine moraliste : « Je ne suis pas là où je pense, je ne pense pas là où je suis. » C'est dans l'amour amoureux que cette division du sujet se manifeste avec le plus d'acuité à cause même de la mise en jeu dans les émois du cœur, des instances les moins maîtrisables puisque les moins conscientes. Il en résulte, pour qui aime le sentiment insolite qu'un étranger l'habite, suscitant les plus grands élans de bonheur comme les plus tristes fiascos de sa vie amoureuse.

C'est encore dans notre héritage grec que je puiserai pour évoquer comment, à partir de ces coupures inaugurales, une vie amoureuse se déploie en histoire d'amour. Si je cherche en effet à rendre compte de ce mouvement si particulier où deux sujets s'investissent dans une histoire commune et durable, plusieurs caractéristiques essentielles m'apparaissent. D'abord l'union antagoniste d'une permanence et d'un changement : ce qu'on peut appeler métamorphose par références à ces changements de forme à l'intérieur d'une même espèce dont la biologie animale nous donne maints exemples tels ceux de la chenille, de la chrysalide et du papillon. Ensuite l'union, elle aussi antagoniste et dynamique, d'éléments différents et contraires tel que cela peut être figuré par ce qui réunit sans les confondre et même en les opposant, l'arc — la flèche — la cible. Enfin une insistance et une nécessité qui sous-tendent l'histoire d'amour dans sa pleine durée, insistance ardente comme un brasier, nécessité logique comme un « discours », c'est-à-dire un long propos intérieur.

Ceux qui connaissent Héraclite d'Éphèse auront sans doute reconnu les concepts, les images du philosophe présocratique, penseur du changement et de l'unité des contraires par l'énergie métamorphique du « feu » et l'insistance fondamentale du « logos ».

L'histoire d'amour, en sa singulière destinée, me paraît en effet se trouver bien éclairée par la pensée de cet homme, né cinq cents ans avant Jésus-Christ en Ionie, dont nous sont restées de courtes phrases très denses, des aphorismes lapidaires. Je ne résiste pas au plaisir d'en citer quelques-unes en préliminaire à cette réflexion sur le déploiement de l'amour en histoire par l'ardente union des différences en de perpétuelles métamorphoses. Laissons résonner ces phrases qui nous parviennent du fond lointain de l'antiquité grecque. « C'est entre choses qui diffèrent que naît l'accord le plus beau. » « L'adverse bénéfique ; à partir des différents le plus bel assemblage. » Ou encore : « Ils ne comprennent pas comment ce qui s'oppose à soi-même, s'accorde avec soi : ajustement par action de sens contraire, comme de l'arc et de la lyre. » « C'est dans le changement que l'on trouve le repos car on se fatigue de peiner sur les mêmes choses et de recommencer toujours le même effort. » Le déploiement amoureux n'illustre-t-il pas cet aphorisme héraclitéen : « A l'âme appartient le discours qui s'accroît de lui-même. » Et l'union de l'homme et de la femme en leur radicale différence ne s'évoque-t-elle pas en lisant : « Le jour et la nuit sont un. » Et le respect du temps en amour dans ses fructueuses métamorphoses, ne vient-il pas à l'esprit lorsque Héraclite vante : « Les saisons qui apportent tout. » Quelle meilleure image pour dire l'amour dans son ardente et changeante durée que les aphorismes : « Feu toujours vivant, s'allumant à mesure et s'éteignant à mesure. » « Le feu unissant les contraires : besoin et satiété. » « En se transformant il reste en repos. » « Nous entrons et nous n'entrons pas dans les mêmes fleuves ; nous sommes et nous ne sommes pas. » « On ne peut être deux fois dans le même fleuve. » On ne peut vivre, pourrions-nous dire, deux instants, deux jours, deux ans, dans le même amour. C'est avec la jubilation héraclitéenne qu'on peut lire, en pensant à la vie amoureuse : « Tout cède, rien ne tient bon. » « Tout s'écoule... » Et comment mieux dire que l'amour immobile, fantasme d'une impossible jouissance intemporelle, s'affaisse et disparaît, qu'en citant encore Héraclite : « Le cycéon (un breuvage ou du solide est en suspension dans du liquide) aussi se dissocie s'il n'est pas remué. »

J'ai tenu à jeter cette brassée de citations pour préparer le chemin à un propos qui pourrait sembler insolite, où je dirai que l'amour tire son existence d'une collision des contraires et non d'une collusion des semblables ; d'un perpétuel changement et non d'une fixité idéale ; d'une ardeur inlassable à renaître et à rapprocher les amants et non d'un état calme et intemporel ; d'une logique insistante, cachée dans l'intimité du discours amoureux et non d'une organisation contractuelle à tout venant et pour tous usages.

Que l'amour soit une vraie guerre, tendre et féconde, Héraclite nous le dit crûment : « Pas de vie sans homme et femme qui sont contraires. » Le langage amoureux nous en fait aussi souvenir. Dans le monde animal les termes spécifiques abondent pour dire l'ardeur combattante des états génésiques : on entendra le moutonnier parler de la « lutte » du bélier et de la brebis ; l'éleveur évoquer la « saillie », la « monte » ; dans la basse-cour on dira *cocher*, c'est-à-dire en vieux français : écraser.

Je vous entends, nous ne sommes pas des bêtes ! Pas seulement, certes, mais cependant notez que ces termes, désignant les amours animales, c'est le langage des hommes et donc leurs projections et leurs fantasmes qui les ont trouvés et fait admettre par tous. Notez que le langage véhiculant la sagesse des temps immémoriaux a aussi inventé les flèches et le carquois et les blessures d'amour (jamais mortelles, remarquez-le). L'amoureux est atteint, touché, troublé, altéré, ému, bouleversé ; jamais détruit, anéanti, sauf à se risquer dans la parodie d'amour d'un narcisse se penchant sur lui-même jusqu'à s'engloutir ; combat des amants, sans mise à mort comme dans l'absurde corrida, ravivant plutôt, dur et exaltant comme à Wimbledon ou à Roland Garros. Je ne sais si on peut trouver meilleure métaphore actuelle à cette « union des contraires », inlassablement évoquée par le vieil Héraclite. Voici deux joueurs arrivant sur le court, dont on ne peut dire qu'ils vont jouer l'un avec l'autre ou plutôt l'un contre l'autre. S'il s'agit bien d'un jeu et non du laborieux gagne-pain de forçats multimillionnaires, c'est aussi bien « avec » que « contre » qu'il s'agit de dire : union des contraires. Que cherchent-ils ? Pensons encore à leur plaisir et non à la fabuleuse prime réservée au gagnant. Ils cherchent à gagner, à battre, à mettre en difficultés, le partenaire-adversaire, non dans une déroute ou une complaisance molle de celui-ci, mais bien dans un beau combat où tout au long de la partie le risque de perdre ou de gagner serait présent, stimulant les deux joueurs. Tel revers lifté chez l'un, suscitera une belle course et une vive réplique chez l'autre, mettant alors son adversaire en difficultés et ainsi jusqu'au point final ; point final de cette longue conversation animée et belle, tissée de plaisir et de connaissances réciproques, d'exaltation des corps et de malice des esprits. On voit comme ce plaisir-combat se différencie d'un jeu absurde où les deux adversaires joueraient « à la baballe », timides et mièvres, ou encore se retrouveraient du même côté du filet, rendant toute rencontre impossible, sauf à se battre à coups de raquettes. Il en est pourtant ainsi de certains liens amoureux où, faute de la mise en œuvre de la belle et bonne agressivité mêlée à la douceur, comme huile et vinaigre pour une succulente vinaigrette, les amants sans malice n'ont de recours pour échapper à une visqueuse et écœurante fusion que de laisser jaillir le pur vinaigre d'une violence sans détours.

Des esprits avertis me diront que Hegel a très bien et longuement expliqué tout cela : thèse, antithèse, synthèse... Ainsi selon ce modèle l'amant serait la thèse, l'amante l'antithèse et... le couple la synthèse. Mais qu'est-ce donc que cette synthèse ? Temps et lieu mythiques où s'aboliraient les antagonismes, tour de passe-passe dissipant dans l'éther « l'union des contraires » c'est-à-dire la vie même puisque, encore selon Héraclite : « Toutes choses naissent, vivent et meurent selon discorde et nécessité. » La synthèse, concept mou, huileux, frileux, voudrait faire croire que mettre ensemble, juxtaposer, c'est unir. Demandez aux joueurs de tennis de synthétiser leur jeu ; aux amants de faire la synthèse de leurs ardeurs. Le mot, le concept, convient sans doute au monde sans désir ni esprit de la chimie ; mais décidément l'amour humain est d'une bien plus forte ambition. Sa visée est celle des antagonismes irréductibles vers des métamorphoses et non vers des dissolutions, résolution par le néant.

S'il faut à tout prix changer de terme, employer une métaphore empruntée au monde des sciences, il nous est loisible par contre de faire appel à un concept classique de la physique et à un autre, tout aussi connu, de la biologie.

Celui que j'emprunterai à la physique a été depuis longtemps appliqué à l'union d'amour puisqu'il s'agit du concept de « couple ». On désigne ainsi, on le sait dès la classe de sixième, l'union et l'opposition de deux forces agissant en direction contraire ou en tout cas différente et donnant naissance à une autre force : autre dans sa direction selon les principes de la mécanique générale connue depuis Archimède et l'usage des premiers leviers ; autre dans sa nature comme en électricité où deux énergies électriques de signes contraires produisent, quand elles sont couplées, une énergie d'une autre nature, mécanique ou magnétique par exemple. Puissance nouvelle et magnétisme d'un couple uni dans leur élan contraire : ici l'image empruntée à la physique nous rend autrement mieux compte de la vie amoureuse que l'énigmatique et plate synthèse, qu'elle soit chimique ou philosophique.

Un concept emprunté aux sciences de la vie nous parlera plus encore sans doute, puisque l'amour précisément est matière vivante. On décrit en physiologie, sous le terme d'antagonisme, une opposition fonctionnelle et dynamique entre plusieurs organes, systèmes ou substances biochimiques.

Un simple geste de fléchissement de l'avant-bras sur le bras nous en donne un exemple. Chacun sait que nous devons ce mouvement à la contraction du muscle biceps. Sans doute certains ignorent-ils que cette contraction, pour que le mouvement s'accomplisse dans l'efficacité et l'harmonie, doit obligatoirement être accompagné de la contraction simultanée et antagoniste du muscle qui lui est contraire, l'extenseur du bras : le muscle triceps. L'utilité, la justesse, la grâce de ce geste ne peuvent naître que de l'action dans « l'harmonie des contraires », d'un système fléchisseurs et extenseurs.

Il s'agit d'ailleurs d'un phénomène général observable dans tout système vivant. J'évoquerai seulement l'antagonisme nécessaire des fonctions acides et basiques, des systèmes sympathiques et parasympathiques de la contraction cardiaque et de la résistance artérielle et, dans le cerveau, l'équilibre contraire et dynamique de la dopamine, de la noradrénaline et de la sérotonine dont l'antagonisme nous assure, tout bonnement, notre capacité à rêver, penser, aimer, être heureux ; cela même qui vient à faire défaut dans les troubles dits « dépressifs ».

Un penseur original et trop peu connu, de formation scientifique mais enclin à la réflexion, un philosophe d'origine roumaine ayant vécu en France, Stéphane Lupasco [2], a théorisé de façon encore plus forte cette « logique de l'antagonisme », la généralisant à ce qu'il nomme « les Trois Matières » : physique, vivante et psychique. Il fait remarquer qu'un phénomène qui apparaît (qui « s'actualise », dit-il) induit obligatoirement un autre moins évident mais aussi présent et actif qu'il nomme « potentialisation » et que c'est dans le jeu interactif de ces deux états dynamiques que se déploieraient les divers modes d'existence des êtres vivants, y compris dans les formes les plus élaborées de la vie humaine.

Pour saisir l'importance opératoire et heuristique de ce concept d'antagonisme, particulièrement dans le domaine des

2. Décédé en 1989.

interrelations humaines, il convient de lui opposer celui, bien connu en psychologie et en psychopathologie, d'ambivalence.

Pour revenir à l'exemple simple du geste élémentaire qui consiste à fléchir l'avant-bras sur le bras, chacun a pu expérimenter que parfois cette simplicité efficace, fruit de l'antagonisme vivant, en vient à dérailler, le mouvement se faisant gauche, maladroit, excessif, hésitant, parfois impossible, dans une sorte de crispation des membres tétanisés, quasi paralysés. Cela se produit, en dehors de toute lésion du système neuro-musculaire, quand la commande du geste se trouve parasitée par une autre signifiant le contraire. A la fois on veut et on ne veut pas plier le bras. Ainsi je veux tendre la main, offrir un objet, mais obscurément et simultanément, je ne veux pas et veux les retenir. Les muscles fléchisseurs et extenseurs ne s'opposent plus dans le jeu de l'antagonisme, mais bien se neutralisent dans un rapport d'opposition plus ou moins statique. Ceci est induit par la position ambivalente du sujet vis-à-vis de la signification, pour lui, de ce geste d'offrande ou d'amitié. Plus banalement, si je me dirige vers un but, voulant et à la fois ne voulant pas l'atteindre, je n'avance qu'avec peine, je « traîne les savates ». Ou si un effroi me saisit, je veux fuir et en même temps, je crains de m'éloigner ; l'ambivalence de mes sentiments me « cloue sur place » ; je n'ai « plus de jambes », ou plutôt je n'ai plus la disposition de la souplesse antagoniste de mon système neuro-musculaire qui permettrait une conduite de fuite ou d'affrontement.

De façon plus globale encore, rappelez-vous telle partie de tennis où votre frappe manque de rapidité ou de précision, façon « petit bras » comme disent les initiés. Le coup est frappé, vous voulez marquer, mettre en difficulté votre partenaire-adversaire ; mais en même temps vous l'avez retenu comme si vous aviez peur de gagner, de faire mal, de vous engager dans un échange un peu rude ; la balle alors part « dans les décors » ou, plus souvent, aboutit mollement au filet : ambivalence. Vous décidez de monter au filet, en même temps craignez l'audace de la manœuvre et... vous restez en milieu de terrain : ambivalence. Ainsi nous sommes amenés à constater que l'antagonisme est la condition nécessaire d'une action ou d'une relation se déployant dans l'efficacité, le plaisir et s'inscrivant dans la durée.

Cependant, si en amour cette condition est nécessaire, elle n'est pas suffisante. Il faut bien évidemment que cette « union des contraires » soit sous-tendue par l'insistance d'un désir présent de part et d'autre, même s'il n'est chez l'un et chez l'autre ni identique ni similaire, ni symétrique (y ai-je assez insisté ?!).

Je pourrais sur ce thème du désir et de son insistance, sauter à pieds joints dans les théorisations freudiennes et surtout me couler, autant qu'il me serait possible, dans les méandres et les ellipses du discours lacanien où déjà tant et tant barbottent avec profit. Mais ici, dans ce livre où je m'essaie à dire l'amour et non à le dévoiler, expliquer, désarticuler, je préfère rester fidèle aux anciens et après Apulée, Hésiode, faire mon miel des heureuses intuitions du vieil Héraclite.

En effet, le penseur d'Éphèse ne se borne pas à constater que « toutes choses sont engendrées par la discorde » ; il ajoute, dans un autre *fragment* : « par la discorde et la nécessité ». Il conviendrait donc de le suivre pour découvrir ce que recouvre pour lui ce terme de nécessité et d'examiner si cela ne se rapproche pas de ce que la psychanalyse nomme l'insistance du désir. Héraclite se réfère d'abord, pour imager cette ardente nécessité à durer et à s'accomplir, à un élément fondamental, à ses yeux générateur de tout ce qui existe : le feu, la chaleur, la combustion ; « feu éternel s'allumant à mesure et s'éteignant à mesure », tirant son origine du « soleil qui est nouveau continûment ». Il y a donc là un principe basal, physique dans son essence, métaphysique dans sa signification et ses effets, dont on pourrait dire comme Freud de la pulsion : « Concept-limite entre le psychique et le somatique. » Soleil « continuellement nouveau », feu éternel et polymorphe : ne peut-on voir dans ce principe premier de continuité l'équivalent de la notion freudienne de pulsion, base biologique du désir issue « des sources internes apportant de façon constante un afflux d'excitation auquel l'organisme ne peut échapper et qui est le ressort du fonctionnement psychique ». Freud précise alors que cette pulsion se maintient selon un mystérieux « principe de constance ».

Ainsi l'ardeur à vivre, née des combustions, constitutives de la vie même, soutiendrait immédiatement et continûment une ardeur à aimer.

« Holà mon bel ardent, vous vous moquez ? » me direz-vous. Qui peut se vanter d'être habité en permanence de cet amour brûlant, sans repos ni éclipse ? Qui n'a éprouvé les ellipses du cœur, les lapsus des sens, les syncopes du désir, les coups de gel en plein été ?

Héraclitéen je suis, Lupasco j'ai lu ; je sais que la braise sous la cendre est encore le feu autant que la flamme ou l'éclair, qu'il vit là une métamorphose en attendant un autre embrasement ; « que la nuit et le jour sont un » ; que le sommeil prépare l'élan matinal ; que dans un corps endormi l'usine à brûler, catabolique-anabolique, travaille en « continu » ; que les spores sous le gel préparent le printemps. Si d'images vous ne vous contentez pas ; si, comme pour moi, le concept freudien de « principe de constance » reste pour vous à éclaircir, rappelez-vous mon vieux compère Lupasco et sa « logique de l'antagonisme » : la potentialité est l'autre face de l'actualisation, l'absence n'est pas le néant mais la mise en attente, en potentialisation de la présence comme la diastole n'est pas l'arrêt du cœur mais son relâchement et la préparation d'une nouvelle contraction. Et puis, après tout, vous n'avez qu'à faire appel à vos souvenirs amoureux. J'ai parlé d'ardeur et non de priapisme.

Mais je vous entends encore : « Ainsi la bête qui dort est toujours la bête ; que voilà une charmante conception de la constance amoureuse ! Si c'est là le fruit de la fréquentation des philosophes présocratiques, je préfère relire Lamartine ou Musset, Dante ou Pétrarque, Aragon ou Éluard ! J'écouterai plutôt leurs chants et leurs images, leurs cris et leurs murmures ; je suivrai le lent et beau déroulement de l'unique et long Poème, identique et changeant, inlassablement repris dans chacune de leur œuvre une à une surgie sur le parcours de leur existence. » Je vous entends et je vous suis ! Moi aussi je sais qu'Aragon, que Prévert, que Rilke n'ont écrit qu'un seul poème, n'ont tenu qu'une seule Parole d'amour, basse continue obligée, courant, fleuve profond, sous leur œuvre entière ; reprise à l'infini sous de multiples harmonies et variations ; toujours plus belle d'être si semblable.

Le feu perdure, ai-je dit après Héraclite. Mais l'image aussi, où il trouve forme et figure, insiste terriblement. Je crains toujours que vous ne me croyiez pas ! Alors, je vous en prie, essayez. Prenez en Pléiade, une œuvre complète, écrite tout au long d'une vie. Lisez le premier vers griffonné par un adolescent et le dernier écrit par un vieil homme que l'amour de dire n'a pas lâché. N'est-ce pas le même chant, les mêmes images, animatrices, productrices de verbe, conductrices d'existence, poétiques donc. Je prends pour ma part, ce que j'ai sous la main, je vous l'assure ; au hasard : l'œuvre poétique de Claudel [3]. Je lis le premier poème en date du 30 août 1886. Ces vers me retiennent :

*Vos cœurs sont pleins de jour et vos cieux sont pleins d'ailes !*
*Écoutez : les jeunes moissons vertes où vont*

3. *Œuvres poétiques*, « Pour la messe des hommes » et « La résurrection », La Pléiade, Gallimard, Paris, 1967.

*Des cris, le vent profond et le jour profond*
*Renouvellent ma promesse pour les fidèles.*

Je saute à la dernière page : 1955. Soixante-quatorze ans plus tard, le vieil académicien écrit :

*Les cloches au milieu de la nuit, comme d'elles-mêmes*
*les cloches se sont mises à sonner !*
*Ce n'est point une parole humaine, c'est le triomphe,*
*la vendange énorme de toutes les étoiles dans le ciel*
*C'est la terre délivrée, vers Dieu, coup sur coup, qui*
*pousse cet aboiement solennel !*

N'y perçoit-on pas la même thématique, cosmique et végétale, où l'espace et la nature bruissent de signes et résonnent d'espérance ; la même organisation du langage, dru et foisonnant.

Un autre exemple, extrait dans l'instant et sur-le-champ, de ma bibliothèque toute proche. Je lis ce qu'écrivait un jeune homme de vingt-trois ans, Louis Aragon, dans *Feu de Joie*[4], publié en 1920 :

*Je danse au milieu des miracles*
*Mille soleils peints sur le sol*
*Mille amis Mille yeux ou monocles*
*m'illuminent de leurs regards*
*Pleurs du pétrole sur la route*

Je lis, écrits cinquante ans plus tard, dans une sorte de testament : *Les Poètes*[5], publié en 1969, des derniers vers de ce recueil :

*Je vous laisse à mon tour comme le danseur qui se lève*
*une dernière fois*
*Ne lui reprochez pas dans ses yeux s'il trahit déjà ce*

4. Gallimard, Paris, 1970.
5. Gallimard, Paris, 1969.

*qu'il porte en lui d'ombre*
*Je ne veux plus vous faire d'autres cadeaux que ceux*
*de cette lumière sombre*
*Hommes de demain soufflez sur les charbons.*

Essayez vous-même, je vous en prie : le premier vers et le dernier vers de votre auteur préféré : la main a vieilli, le trait a pu trembler, mais l'image, le ton, le verbe, teintent clair à l'identique, insistants, courants à travers toute une vie.

Mais je vous entends encore, indociles : « Tout cela est littérature, certes "le style c'est l'homme", sans doute pour toute sa vie. Mais qu'il tienne obstinément le même propos, dans la même manière et selon la même imagerie, n'infère pas qu'il en soit de même de ses amours ! »

Je ne sais si je dois pédantiser et vous dire après d'autres, que le fantasme inconscient ou préconscient est ce qui, tout à la fois, donne figure aux mythes, aux rêves, aux styles et à la manière d'une œuvre ; mais aussi aux désirs les plus intimes, et à leur incarnation dans une existence amoureuse.

Cela même que le docteur Lacan nomme « discours » exprime l'insistance du fantasme empruntant certes la forme du langage articulé, mais aussi celle du comportement familial et transparaît jusque dans les lapsus, les mots d'esprit, les rêves, les symptômes, mais aussi et sans doute surtout, le parcours amoureux.

Je vous entends encore ; je vous connais puisque vous m'avez suivi jusqu'à cette page : « Vous y voilà : lacanien, freudien, malin, vous êtes sous vos airs bon apôtre et bon enfant. Vous nous récitez la leçon à la mode. La constance en amour n'est que l'expression dans l'existence de "l'insistance du désir", elle-même liée à la "stabilité structurelle du fantasme" ! » Certes, Freud j'ai lu, analysé je fus, mais héraclitéen je demeure ici. Je laisserai donc à la psychanalyse cette « insistance du discours » et je reviens à Héraclite. Or j'y remarque presque le même mot, sans doute le même concept, la même « trouvaille », la même intuition. Pour désigner « le discours », animant et informant en sourdine, en continu, en « nécessité » la réalité humaine, on usait à Éphèse, cinq cents ans avant Jésus-Christ, du mot « Logos », terme aussi fondamental chez Héraclite que celui de « feu » ou « d'union des contraires ». Il écrit, sur ce propos insistant et mystérieux, donnant continûment vie et forme, souvent à leur insu, à l'existence des hommes :

*Le logos, ce qui est,*
*toujours les hommes sont capables de le comprendre,*
*aussi bien avant de l'entendre qu'après l'avoir entendu pour la première fois,*
*Car bien que toutes choses naissent et meurent selon ce Logos-ci...*

Il ajoute ailleurs :

*Quelle que soit l'assiduité avec laquelle ils fréquentent*
*le Logos (qui gouverne toute chose)*
*Ils se séparent de lui*
*et ce qu'ils rencontrent quotidiennement leur semble étranger.*

N'est-ce pas dit, avec une étrange limpidité, comment un propos fondamental et mystérieux, anime en profondeur et continuellement, tout ensemble « raison et langage », l'existence des hommes.

D'où viendrait-il donc ce Logos organisateur, facteur de continuité, modulateur de changement, vecteur d'antagonisme, créateur d'existence. Procède-t-il de l'esprit, de l'intelligence, du cœur, de la pensée, du corps, de la culture, du savoir ? Ou, pour parler plus moderne : du ça, du moi, du surmoi ? Du processus primaire, secondaire ? Ou, plus moderne encore : de l'imaginaire, du symbolique ? Ou, plus antique :

d'Éros, de Psyché ? Ou plus antique encore : d'Apollon, de Dionysos ? De Dieu, du diable, des anges ?

Demandons-le à Héraclite lui-même et reprenons ses termes : « A l'âme appartient le Logos, qui s'accroît de lui-même. » A l'âme ; oui, pourquoi ne pas le dire, ce vieux mot irremplaçable, abandonné par les philosophes, encombrant pour les théologiens, craint des psychologues, honnis des mécanos de la *ratio*, mais conservé avec amour par les poètes... et les amoureux. Je vous aime de tout mon ça... Non ça ne va pas du tout ! Avec mon Éros... Non plus ! De tout mon psychisme... Encore moins ! De ma pleine fonction symbolique... Arrête !!! « Je vous aime de toute mon âme. » Comment le dire autrement ? L'âme n'est pas une topique, une fonction, un lieu du corps ou de l'esprit qui aime, désire, fantasme et invente au jour le jour, à la minute minute l'existence amoureuse. C'est l'exacte jonction de tout cela, la crête jointive, le lieu d'arrimage, le souffle animateur qui articule ces pièces d'humanité pour en faire une existence animée, une geste significative, une belle histoire romanesque.

Cette crête, ce souffle, cette risée de l'existence, on l'a nommée, c'est son nom depuis toujours : l'âme. Le mot vient spontanément sous la plume des écrivains qui veulent dire l'amour sans niaiserie ni fadeur. Boris Vian écrit dans sa gouaille : « Sexuellement, c'est-à-dire avec mon âme. » Bourbon Busset parle gravement de son amour qui lui fait « l'âme engagée et l'esprit libre ». Sans doute faut-il renoncer à aller plus loin dans l'explicitation du mystère et dire seulement comme Michelet l'écrivait du style : « L'amour c'est le mouvement de l'âme. »

Si l'insistance amoureuse procède de l'âme et se soutient d'un Logos s'accroissant à mesure, il conviendrait d'examiner comment s'opère cet accroissement, ce déploiement. Là encore Héraclite et son fleuve va nous aider à comprendre. Le fleuve est toujours nouveau et semblable, sans cesse accru de ses affluents et multiple dans ses méandres, disparaissant dans des abysses, ressuscitant par toutes sortes de résurgences de la plus douce des fontaines au plus bouillonnant des geysers, à la plus turbulente des cascades. Le fantasme amoureux, le discours, le Logos d'amour ont les mêmes multiplicités de figures, la même variété dans leurs apparences que la plus torrentueuse des rivières.

Depuis le fantasme originaire qui a saisi l'amant face à son aimée et l'a fait tomber en amour, le discours amoureux se déploie comme une longue et riche narration romanesque, avec ses évidences, ses mystères, ses rebondissements, ses éclipses, ses ellipses, ses nouveaux personnages, ses événements inattendus, ses longueurs, ses raccourcis, ses digressions, ses descriptions minutieuses, ses envolées lyriques, ses complaisances perverses, ses rétrécissements chagrins, ses joies étales, ses attentes fiévreuses ; et à travers tout cela : le fil rouge et brûlant, suivant comme une balle traçante la flèche érotique qui n'en finit pas de faire mouche. Tel est le récit « délicieux et esquintant » de l'amour en tous ses états, c'est-à-dire en tous ses genres et figures stylistiques.

Mais je sens que vous me suivez mal ; que vous me soupçonnez d'abuser de ces comparaisons fluviales ou narratives pour masquer une méconnaissance de la tragique discontinuité de tant d'histoires d'amour. Que l'amour soit discontinu, critique ou problématique dans son déploiement en histoire, je n'en disconviens pas. C'est précisément ainsi qu'il procède, disons-le encore une fois, selon les procédés narratifs ou stylistiques les plus classiques (rupture entre métaphore et métonymie, distorsion entre déplacement et condensation) ou selon les méandres et les résurgences les plus familières aux hydrographes.

Pour user d'une autre image, l'amour serait une vaste demeure dont on ne finit pas de visiter les pièces, de la chambre érotique au salon narcissique, de la cave obscure des délicieuses terreurs enfantines jusqu'aux étages superbes aux vastes perspectives. Éros et sa violence s'absente-t-il ? Psyché apparaît tendre et pensive. La sensualité « adulte » vient-elle à s'émousser ? Les restes poivrés-sucrés-salés des troubles ébats enfantins surgissent pour épicer une vie amoureuse affadie. L'ardeur à connaître, à pourchasser, à prendre s'atténue-t-elle et voilà qu'en un doux méandre, une passivité lascive se prête à de troubles explorations dans d'autres sens, avec d'autres sens : le goût d'une peau que le soleil a mûri, l'odeur des cheveux que le sommeil a répandus, le tact d'une main, d'abord apaisante et peu à peu, et comme distraitement, insidieusement indiscrète, troublante.

Une contrainte, un manque, un souvenir viennent-ils à faire souffrance et voilà que la Carte du Tendre s'enrichit d'un détour dans le domaine ambigu que le Divin Marquis partage avec son compère Masoch.

Et si la souffrance fait perdre pied aux amants, à travers quels délicieux accrochages, quelles dépendances énamourées, quels apesantissements et quels abandons ressuscités de la toute prime enfance, ils reprendront leur histoire lourdement accrochée au bras de l'autre comme au sauveteur le presque noyé. Et si le fleuve semble à sec, que ne peut-on attendre de la soif et de la faim ?! Une baguette ardente frappant un rocher magique et voilà que jaillit la fontaine généreuse. C'est souvent autrement, ailleurs, qu'une résurgence apparaît, issue du fantasme originaire et grossie du bouillonnement caché de la mythologie commune.

C'est précisément cette nappe phréatique de l'amour, ce réservoir abyssal d'images communes, qui a assuré la constance d'un cours qui semblait interrompu, d'un discours devenu elliptique. On voit qu'il n'y a là rien de miraculeux et que mon propos ne tient pas d'un optimisme de commande. L'amour est une folie qui ne s'oublie pas et comme l'a écrit Julien Green : « Nul ne peut rien contre les ravages du souvenir. » Cela prend parfois la forme du retour d'un désir, et d'une de ces angoisses imprécises mais violemment efficaces que l'on nomme réminiscence. On voit quel jeu d'absence et de présence, d'actualisation et de potentialisation, d'éclipses et de résurgences, d'oscillations entre Éros et Psyché, assure la fluidité de l'existence amoureuse. Ce jeu, cette mobilité, cet espace disponible n'existent sans doute de cette manière dans aucune autre relation humaine. Il faut, pour les dire, les métaphores héraclitéennes du feu inlassable à renaître, du fleuve obstiné à ressurgir. Le lien interhumain habituel est basé sur une adéquation paisible qui assure une certaine fixité à la vie sociale, familiale, professionnelle. Le maintien des identités réciproques est la règle de toute économie relationnelle qui ne serait pas amoureuse. Seul Éros, parce qu'il est riche et joyeusement dépensier, mobile, ailé, bagarreur, peut se payer le luxe de ces métamorphoses. Mais cette richesse et cette aisance n'expliquent pas tout. C'est aussi la communauté et la compatibilité des fantasmes originaires, l'édification d'une mythologie commune du couple qui en est l'expression formulée en mots et enrichie en actes, qui fonde et permet cette souplesse métamorphique et cette puissance métonymique. Il convient également de rappeler ce que la multiplicité et la variété nécessaire des positions amoureuses doivent à la structure même du lien entre les amants. Faut-il dire à nouveau que, contrairement à la parade, à l'appareillage des amours animales, fixes et solides comme un appareil bien construit, l'amour humain est, lui, « bâti sur une colonne absente » (Michaux), autour du « don de ce qu'on n'a pas » (Lacan). Pour le dire autrement les amants ont l'un pour l'autre des faiblesses et non des rapports de force et d'adéquation des termes de l'échange comme il en est dans la vie sociale. Il y a entre eux une collusion, c'est-à-dire un collapsus, une faille commune dans chacune de leur individualité close. Il y a entre l'homme et la femme qui s'aiment un vide, faible et brûlant comme une blessure commune; plutôt comme deux blessures dont les lèvres seraient accolées à la manière d'un baiser qui est l'émouvante transcription dans le corps de cette béance commune acceptée, reconnue, échangée. L'amour, né sous le signe du manque, du collapsus, de la faiblesse acceptée, se meut dans cet espace fluide comme le ferait l'oiseau dans le ciel, le poisson dans la mer ; comme Cupidon et comme Sirène dans l'air et l'eau.

J'écris souvent : « le changement nécessaire ». Pourquoi nécessaire ? Inévitable, oui ; supportable, aussi ; dangereux, sans doute ; mortel parfois, sûrement. Mais nécessaire ? Pourquoi l'amour ne serait-il pas comme on dit, « éternel », c'est-à-dire non soumis aux aléas du temps, hors histoire, placé définitivement dans un bonheur stable et intemporel. Bref, pourquoi changer quand on est heureux comme poisson dans l'eau, comme coq en pâte, comme enfant dans le giron de sa mère. Précisément voilà le « hic » d'un amour qui serait sans changement. Il installerait les amants dans une béatitude sans pensées ni désirs avoués, comme il en est du marmot blotti dans les jupes de sa mère. J'ai dit les mérites de l'intimité pour protéger les hardiesses sexuelles et plus encore cet acte étrange, incongru où les amants se « donnent ce qu'ils n'ont pas ». Mais cette intimité fondée sur une mythologie commune peut aussi tendre à une confusion, un méli-mélo incestueux avec les effets de violence et d'aveuglement qu'Œdipe a expérimentés pour son plus grand malheur. Plus simplement : si celle que j'aime est toujours à la même place et moi au même lieu, comment se pourrait-il que ce soit « toujours la première fois que sa robe en passant me touche ». Il n'y a que la mère qui soit supposée se tenir dans cette stabilité rassurante. L'amour on le voit, n'aurait rien à gagner dans cette proximité incestueuse.

Ce changement serait-il alors comme la révolution des astres, un éternel recommencement ? Serait-il simple variation sur un thème obligé ? Certes cela se pourrait dans l'organisation perverse d'un amour à scénarios répétitifs et sans véritable histoire. Mais je n'ai pas dit un lac, un canal circulaire, mais bien un fleuve ; non une série d'historiettes ou de nouvelles bien ficelées, mais un long roman, un roman fleuve. Les oscillations entre Psyché et Éros ne sont pas celles, inertes, d'un pendule, ni les multiples balancements de la vie en ses formes élémentaires ; ni ceux, interminables et répétitifs dont sont affligés ces êtres humains sans histoire ni langage que sont les grands malades de l'esprit.

Il s'agit bien, au contraire, de l'alternance dynamique d'une démarche humaine qui s'avance au long de son histoire, autant que le fleuve dans les champs et les plaines, autant que le récit dans les méandres successifs d'un roman. Cet amour « tire des bords » mais non à la manière régulière et immuable du métronome : il s'avance dans l'oscillant-allant-devenant de celui qui marche en fonction du terrain et selon les vents et les courants.

# 5. L’amour en panne

J'ai dit que je ne voulais pas prouver « le soleil par l'ombre » et la musique par le couac, mais bien la marche en marchant et l'amour par l'amour. Pourtant il me faut bien dire pour éclairer mon propos, comment l'amour se met en panne, presque toujours parce que les amants semblent avoir pris comme devise : pas d'histoire !

En nous souvenant que l'histoire et le destin des hommes, selon Héraclite, se soutient du feu, du changement, de « l'union des contraires », c'est-à-dire de l'antagonisme, enfin du Logos où se « déploie à mesure » l'âme du sujet désirant et parlant, il nous faudra tout de même à présent, examiner comment les amours semblent mourir mais le plus souvent « tombent en panne » sous l'effet d'une peur. Nous dirons, peur de l'histoire, d'abord : c'est-à-dire crainte du changement, du feu, de l'antagonisme ; peur du Logos, ensuite : c'est-à-dire du discours de l'âme subvertie en source sauvage, jaillissante, intarissable...

Peur de l'histoire ? Qu'a-t-on à craindre de l'histoire ? Et qu'est-ce que l'histoire en amour ? qu'est-ce qu'une histoire d'amour ? J'ai dit qu'elle s'inaugurait sur une coupure, se déployait dans l'antagonisme entre changement et constance selon l'image du feu et du fleuve dans une démarche où se combinent déplacements et métamorphoses.

Quittant ces explicitations limpides mais énigmatiques à la manière présocratique, je voudrais reprendre cette interrogation sur l'histoire et la peur qu'elle engendre, en usant d'une approche et d'un langage plus familiers à notre mode de pensée contemporain.

En effet, l'histoire d'amour peut être perçue aussi comme la production et le déploiement d'un monde fantasmatique particulier et propre au sujet aimant.

Dans cette perspective, c'est l'analogie avec l'œuvre d'un romancier qui vient à l'esprit. Ce qu'il écrit, ce que suit son lecteur, prend son essor à partir de quelques images, denses et grosses, de toute l'œuvre ; elles sont issues des profondeurs ombreuses de ce qu'il faut bien appeler son âme, puisque décidément il ne s'agit pas là de pensées, de réflexions ni même de psychisme au sens clair et maîtrisé du terme. « Le premier vers est donné par les Dieux » écrivait Mallarmé. Il en va sans doute de même de la première phrase d'un roman.

« Je suis né le 25 décembre à minuit d'une Moujique et d'un grand Duc. » *Choléra* de Joseph Delteil et son baroquisme lumineux est en germe dans cette première phrase du roman. Ainsi de *Belle du Seigneur* d'Albert Cohen qui débute ainsi : « Descendu de cheval, il allait le long des noisetiers et des églantiers, suivi des deux chevaux que le valet d'écurie tenait par les rênes, allait dans les craquements du silence, torse nu sous le soleil de midi, allait et souriait, étrange et princier, sûr d'une victoire. » Toute l'histoire de Solal le Magnifique, enivré de lui même jusqu'à sa mort, est déjà là. Il ne suffit plus à Cohen qu'à écrire les neuf cent quatre-vingt-dix-neuf pages du roman le plus beau et le plus déchirant de notre époque, mis à part peut-être *Le Voyage au bout de la nuit* de Louis-Ferdinand Céline.

Et *Le Voyage*, comment prend-il son essor ? Quelle est la phrase qui va servir de rampe de lancement pour cette longue fusée noire en direction du néant ? Je lis : « Ça a débuté comme ça. Moi j'avais rien dit. Rien. C'est Arthur Ganade qui m'a fait parler. » La nuit est déjà tombée sur le sujet parlant, le *voyage* peut commencer... Prenons encore la première phrase du roman de Proust *La Prisonnière* : « Dès le matin, la tête encore tournée contre le mur et avant d'avoir vu au-dessus des grands rideaux de la fenêtre, de quelle nuance était la raie du jour, je savais déjà le temps qu'il faisait. » Ne trouve-t-on pas dans cette phrase le germe, le point d'origine de cette spirale nonchalante et vertigineuse qui caractérise la démarche proustienne.

Je veux dire qu'une histoire d'amour s'inaugure sur un fantasme germinatif qui contient en puissance ses multiples déplacements et déploiements. L'imagerie, « bourrée jusqu'à la gueule » de significations, deviendra récit au fil de l'écriture en ses méandres et dispersions à partir de ce Big Bang inaugural. Ainsi Racine disait-il : « Ma tragédie est finie, je n'ai plus qu'à l'écrire... » On pourrait d'ailleurs dire de même de toute l'œuvre d'un écrivain, comme je l'ai rappelé ici en citant les premiers vers et les derniers de Claudel ou d'Aragon écrits à soixante ans de distance ; étrangement semblables, lumineusement différents.

Quel est alors ce plaisir paradoxal de lire au-delà de la première phrase d'un roman, cette première phrase qui le contiendrait en quasi-totalité ? A guetter le nouveau livre d'un écrivain qu'on aime alors même qu'il s'agit, non seulement on le sait mais on le souhaite, de la reprise, avec thèmes et variations de la même « petite musique » ? Et pourquoi l'écrivain écrit-il encore et toujours le même poème, le même roman si changeant mais si semblable jusqu'au jour même de sa mort ?

L'histoire des amants me paraît très analogue à ce plaisir mystérieux de lire encore, d'écrire toujours. Il s'agit en effet dans l'expérience d'amour, comme dans l'expérience de lecture ou d'écriture, de l'exploration inlassable d'un mystère pressenti mais impossible à posséder, à maîtriser, à mettre au clair une fois pour toutes comme il en irait d'une formule chimique, d'une recette définitive, d'un savoir plan. La dynamique de l'amour, comme il en est de la création littéraire, repose, elle aussi, sur un renoncement heureux à la maîtrise, sur une défaillance de la volonté de savoir au profit de la joie de connaître. En amour on a des faiblesses pour quelqu'un alors que dans le savoir on est fort sur quelque chose : je suis fort en botanique et j'ai des faiblesses pour toi. Cette défaillance de la maîtrise ouvre pour le sujet qui s'y abandonne les zones essentielles de son être là où c'est chaud, trouble, où ça bouge et où l'amour trouve à s'avouer, se proférer, s'accomplir, se déployer.

Soit, direz-vous, l'amour serait romanesque, narratif, mais qu'en est-il de l'autre, de l'amante pour l'amant, de l'amant pour l'amante. Puis-je répéter encore, un peu autrement, que là se situe précisément la singularité, au sens fort du terme, du sentiment et de l'expérience amoureuse. Ce qui fait que l'amour-sentiment devient histoire à deux, c'est précisément que chez l'aimée ça défaille aussi, au même point de déhiscence que chez son amant, qu'il s'y produit ce que de plus savants que moi ont appelé une « collusion » des défaillances, un abouchement des béances, dans les bulles narcissiques de l'un et de l'autre. Les deux lèvres de la plaie d'amour de l'amant rencontrent les deux lèvres de la même plaie de l'amante, en un mouvement de défaillance heureuse, acceptée et partagée, dont le baiser amoureux n'est que la jolie métaphore.

Mais cela ne suffit pas pour que s'inaugure une histoire commune, un récit à deux personnages, où deux mondes s'ouvrent l'un à l'autre à travers l'espace ouvert par leur commune défaillance et pour que, par cette déhiscence se déploient les fantasmes de l'un chez l'autre, de l'autre chez l'un. Pour que ce grand happening des fantasmes échangés, mêlés, intriqués, compénétrés deviennent le « premier vers donné par les Dieux », la première phrase du long roman fleuve, il est nécessaire que s'avère et s'éprouve leur compatibilité dans le temps du plaisir et dans l'espace de l'existence. Qu'on se rassure : il ne s'agit pas là d'un miraculeux hasard comme celui de Sosie rencontrant son double. J'ai dit compatibilité et non identité. Or, si le monde fantasmatique est d'une infinie variété chez chacun d'entre nous, nous avons tous en commun un nombre délimité de carrefours, de dispositifs obligés, de positions « incontournables » que la psychanalyse s'est délectée à démontrer selon une démarche qui n'est pas celle que je souhaite adopter dans cet ouvrage que je voudrais plus amoureux que raisonneur.

Si l'histoire d'amour est faite comme un roman, pourquoi tomberait-elle en panne ? Et pourquoi parler de panne et non de la terminaison, de la fin d'un roman, de la mort d'un amour ? J'ai préféré le terme de panne parce que, précisément, quand la vie amoureuse s'absente et que son histoire semble s'arrêter, il convient de s'interroger et d'examiner s'il ne s'agit pas, comme pour une automobile, d'un arrêt transitoire, le temps de recharger les batteries, de remplir le réservoir, de régler un dispositif... ou de réviser la manière de conduire du chauffeur. Parfois, rarement convenez-en, le garagiste vous dira que cette panne est absolue, définitive et que votre voiture, votre cœur, votre amour est bon pour la casse ou pour la récupération en pièces détachées, à l'usage d'une autre voiture, d'un autre amour, d'une autre histoire ou plutôt d'une histoire autre, autrement, car il s'agit bien de la même : la vôtre. Quel est donc ce garagiste avisé qui vous dira si votre amour est en souffrance, en gésine d'une métamorphose ou tombé dans la géhenne définitive et abyssale où s'accumulent les cœurs en miettes ? On pourrait dire autrement : quel est l'éditeur, le critique, le lecteur, qui vous dira que votre roman est terminé même si ses personnages continuent d'exister dans votre esprit ?

Personne. Personne que vous-même ne vous dira si votre amour est mort, irréparable et irrécupérable ; qu'il y a lieu de mettre « FIN » à la dernière page de votre roman. Nul ne vous a désigné celui ou celle que vous aimez ; encore moins quiconque pourra-t-il vous dire si votre histoire d'amour continue, s'éclipse, ou disparaît pour toujours dans les enfers. Devant une panne d'amour il n'y a pas d'autre recours que d'entamer un travail de vérité et d'élaborer des significations à partir de signes jusqu'alors cachés. Il s'agit là d'un travail très analogue à cette pensée de l'amour en ses débuts, parcourant l'esprit et le cœur, inlassable, continu comme la lisse du tapissier construisant une image, comme la plume de l'écrivain poussant son histoire sur une feuille, comme le regard du lecteur s'enfonçant éperdument dans l'épaisseur d'un roman.

Nous voilà donc revenus à l'Histoire d'amour comme narration romanesque et, puisqu'il s'agit de panne, à l'éclipse d'amour, représentée métaphoriquement par un arrêt dans l'écriture ou la lecture d'un roman. Pour nous en tenir à l'expérience du lecteur, plus commune et partageable que celle de l'auteur, nous pouvons nous poser la question de ce qui nous met en panne de lecture au plein milieu d'un roman.

Le livre peut nous « tomber des mains » parce que nous avons le sentiment que l'auteur nous a déjà tout dit et qu'il ne peut que répéter ce qu'il nous a déjà fait découvrir. Parfois encore s'agit-il d'une longueur, d'un « tunnel », d'une banalité d'écriture ou d'intrigue qui, pour paraphraser Aragon, nous enlève le goût « de lire encore et de connaître cette histoire jusqu'à la fin ». Parfois aussi l'histoire s'embrouille, le langage s'obscurcit, nous n'y comprenons plus rien ; le cours du fleuve romanesque se perd dans ce qui nous paraît un fouillis inextricable de bras morts ou de canaux contradictoires. Parfois encore le propos de l'auteur semble disparaître, s'escamoter, interrompre sa belle et limpide continuité, laissant le lecteur pantois et perplexe.

Que faire alors ? Nous pouvons bien sûr jeter le livre à la corbeille à papier, nous saisir d'un autre ou, qui sait, renoncer à toute forme de lecture, dégoûtés, au moins pour un temps. Nous pouvons aussi, si nous sommes de vrais amoureux de paroles écrites et si par d'autres livres ou par le début de celui que nous lisions, nous sommes épris et curieux du propos de cet auteur-là, si son écriture nous est « accordée », comme l'écrivait Jean Sulivan, nous passons outre à cette lassitude, à cette incompréhension, faisant le pari qu'elle sera passagère. Plus finement, plus amoureusement encore, celui à qui tel roman « ne dit plus rien », y verra, au-delà du constat d'échec ou d'ennui, une vraie provocation, une stimulation, une excitation à connaître l'autre versant de la montagne au bout de l'obscurité du tunnel ; incitation aussi à démêler l'embrouillamini d'une intrigue compliquée, à suivre le fil du récit au travers de la boîte noire où s'éclipse le sens ; à tirer profit d'une éclipse du sens premier ou du « bon sens », pour dévoiler des significations secondes, d'une autre nature, ouvrant d'autres portes, inattendues, révélatrices. Cela se produit, chez les vrais amoureux de la littérature, par le biais d'une relecture du livre en le reprenant à son début, à la recherche d'un autre chemin narratif que celui qui l'avait égaré dans sa première lecture. Les romans policiers d'Agatha Christie usent finement de cet art de conduire le lecteur vers le soupçon d'un coupable pour mieux le désarçonner ensuite, dans une volte-face du récit, lui faisant apparaître que l'hypothèse qui le conduisait devait être révisée souvent au prix d'un réexamen de toute la narration antérieure. Il faudrait être un piètre lecteur pour dire : « tiens, l'assassin ne peut donc pas être X comme je le croyais ; ce livre ne vaut donc rien, qu'il aille au diable ! »... Le vrai amateur de ce genre de roman s'imposera plutôt de relire, en fait ou en pensée, le début du roman pour y discerner ce qui s'y dissimulait d'indices et de signes pour disculper X et pour faire, plus subtilement, porter le soupçon sur Y ou Z. Alors : Z ou Y ? Pour le savoir il faudra, non seulement le début du roman, mais lire toute la suite pour « connaître cette histoire jusqu'à la fin ».

En quoi consiste, pour une histoire d'amour, cette relecture et cette reprise par un autre biais, sous un autre jour, dans une autre perspective ? Je l'ai dit : c'est un travail d'élaboration, de va-et-vient intensif du fantasme à la réalité, des signes aux significations, de l'imaginé à l'éprouvé ou à l'observé, qui est très proche dans sa démarche des pensées que nourrit l'amour en ses débuts. Il y faut la même passion, la même confiance dans l'inconnu, la même croyance en ce que l'absence n'est pas le néant mais une autre forme de présence, non actuelle mais potentielle.

Comment dans le concret cette relecture peut-elle s'opérer lorsque l'amour s'absente et qu'il s'agit de dire s'il est bel et bien perdu, peut-être mort ou s'il poursuit son cours, torrentueux, impétueux, dans de mystérieuses abysses à la recherche fiévreuse d'un lieu de résurgence ? Je crois pouvoir affirmer que seul le fil du langage permet de répondre à cette difficile question. Comme il en est de ces colorants indubitables dont les hydrographes marquent l'eau des rivières pour suivre leur cours souterrain et leur remontée au jour, seul le fil rouge du langage dans tous ses états, le déploiement du Logos donc, est capable de retracer le propos d'amour dans sa continuité significative. La remontée au long du fil rouge, la descente suivant la trace rutilante de la fluorescéine, c'est la démarche même des psychothérapies : celles, dites existentielles, qui s'attachent à saisir le déploiement, à travers ses méandres, du discours conscient; celles, dites psychanalytiques qui s'efforcent de suivre le cours du Logos y compris dans son trajet souterrain, inconscient, à travers ses passages dans les gouffres, ses stagnations phréatiques, ses résurgences inattendues à la lumière du jour. Mais je suis de ceux qui pensent que la parole opère son travail d'ouverture et de découverte dans bien d'autres conditions que celles du propos thérapeutique. A vrai dire, chaque fois que nous laissons le langage parlé mais aussi entendu, écrit ou lu, se répandre sans contrainte en nous, au-dehors de nous, il nous conduit toujours au plus près des sources de l'Orénoque.

Après avoir interrogé ces images fluviables ou romanesques, c'est le moment de se poser la question : que devient l'amour quand il n'y en a plus ? Y a-t-il quelque part un cimetière, un paradis, un enfer pour les amours mortes ? Est-ce que l'amour s'anéantit en disparaissant ; serait-il en cela mirage, illusion ?

Qu'il y ait des énamorations, des coups de foudre, des folies douces sans consistance, sans conséquence et sans lendemain : peut-être... Pourtant j'en doute... A moins de parler des simulacres de l'amour et non de l'amour lui-même, il me faut bien dire, à la suite de ces longs propos sur le discours amoureux relevant son caractère fondamental, fondateur pour le sujet parlant et désirant, que la fin d'un amour n'est pas sa mort mais son départ dans l'absence. Quelque chose de l'amour se survit à lui-même ; peut-être est-ce son âme. Par contre celui dont l'amour serait mystérieusement « passé à la trappe », considéré comme mort, se trouverait en grand danger de se dissocier et de se dissoudre lui-même tant il est vrai que, selon la terrible phrase de Freud, « l'homme qui doute de son amour doit douter de toute chose », y compris de sa propre existence. Alors que deviennent donc ces amours interrompues : brutalement par un deuil, une rupture inattendue ; sourdement par une distance progressivement creusée, l'aimé ne se discernant plus que sous la forme d'une silhouette de plus en plus pâle et vague, murmurant d'une voix lointaine des mots devenus incompréhensibles. Ce sont là, direz-vous, des amours bel et bien mortes, comme nulles et non advenues ? Non. Je suis de ceux qui ne croient pas qu'une histoire d'amour « s'annule » quand elle s'absente (« l'annulation du mariage » ainsi que dit comiquement le Droit canon), qu'elle se dissout quand elle disparaît (comme le laisse entendre bizarrement le Code civil). Il faudrait plutôt, pour user encore d'un terme juridique, parler d'un non-lieu, mais en un sens très précis. J'entends par là qu'il arrive que l'amour n'ait plus de lieu pour se dire, se faire, exister et c'est en cela qu'il y aurait : « non-lieu », c'est-à-dire plus de lieu d'existence. Je veux dire ainsi que le déploiement du fantasme, du Logos, ne trouve plus dans l'autre, l'ouverture, la collusion et l'espace d'épanchement nécessaire. Le flux désirant se trouve alors condamné à la stagnation en bras morts et promis à la croupissure et à l'envasement. Quand l'amour n'a plus de lieu dans le monde de l'autre pour y engouffrer son cours et y mêler ses eaux dans le brassage tourbillonnant d'une mythologie commune, c'est alors qu'on devra parfois prononcer le « non-lieu » avec ce que ce terme et cette notion du Code pénal contient d'énigmatique, d'inconnu et parfois de révisable. Le non-lieu prononcé par un tribunal, on le sait, ne veut pas dire l'innocence, l'acquittement, la relaxe, mais bien que l'acte qu'on reproche à l'inculpé, on n'arrive pas à savoir, comment, où, il pourrait bien l'avoir commis. On ne sait pas où le fourrer dans l'existence ou dans le Logos du suspect ; on tourne alors la page, on oublie... Il y aura ainsi non-lieu à cause d'un alibi « bétonné » ; non-lieu « pour état de démence au moment des faits », c'est-à-dire que l'acte, pourtant commis par le sujet, n'a pas de place ou s'inscrire dans la continuité de son propos intérieur, dans le cours de son Logos.

Quand l'amour n'a plus lieu il n'est donc pas annulé ni dissous mais le couple privé d'un dispositif essentiel au déploiement de son histoire, se trouve ainsi interrompu. Il n'a plus lieu d'exister, plus de moyens d'existence. Il se produit alors une séparation des cours, un partage des eaux, mais les fleuves continuent en d'autres temps en d'autres lieux. On ne « refait pas sa vie », on ne rebâtit pas de fantasmes, on ne recompense pas un nouveau Logos, comment cela se pourrait-il, sinon dans le factice ? On continue la même vie au fil du même discours, mais selon d'autres dispositifs : celui de la solitude, celui d'un autre couplage, celui de l'errance parfois ou du passage par des abysses, ou encore d'un enlisement plus ou moins provisoire dans les marécages indécis des imprécisions tristes du cœur.

Le divorce, puisque c'est la forme que prend le plus souvent ce constat de non-lieu pour une histoire d'amour, s'accompagne, on le sait, de l'opération délicate du partage des biens. Notons en passant que la sauvagerie ou l'ignominie qui s'y révèle parfois, manifeste et mesure parfois l'étroitesse des lieux du cœur de tel conjoint et éclaire a posteriori la survenue plus ou moins rapide de ce « non-lieu ». Je ne veux pas m'attarder ici sur la pathologie peu ragoûtante des diverses atrésies plus ou moins congénitales du cœur, de l'esprit, voire du sexe.

J'entends par contre examiner ce qu'il en va du partage d'une autre forme de richesses, très densément et chaleureusement humaines celles-là : les trésors cachés mais vitaux, essentiels, de la mythologie commune, créés, amassés au fil du temps par ces amants dont présentement le couple n'a plus lieu. Il s'agit, je l'ai dit, de ce foisonnement d'images, de paroles, de souvenirs communs, vécus, inventés, racontés à deux et dont le couple tirait en partie sa subsistance, spécialement dans les périodes de sécheresse ou dans la traversée des tempêtes. Il ne peut être question, pour ces richesses vivantes, comme il en est du partage des biens, que chacun en prenne une part selon une division plus ou moins équitable sous le contrôle nonchalant d'un juge qui s'en moque. Comment tailler dans cette chair vivante, comment couper en deux ce tableau grouillant d'images, le continuum de ce poème, l'épaisseur de ce chant commun ? On constate alors, si le couple a été d'amour, son histoire véritablement amoureuse, qu'il ne s'agit ni de partage sourcilleux ni de division sauvage. Quand l'amour n'a plus lieu, chacun des amants prend un exemplaire, une copie du mythe commun, souvent étrangement semblable à celle de l'autre, tant il est vrai que la nature même des mythes de toute nature est de survivre au partage ou plutôt à la mise à la disposition de tous sans perdre et souvent en gagnant de sa richesse. Qu'on se rappelle que les mythologies fondatrices d'une religion, d'une nation n'ont jamais perdu à être saisies, gardées, vécues, partagées par le grand nombre.

L'histoire, c'est-à-dire le destin changeant et brûlant, en perpétuel antagonisme entre soi et l'autre, s'impose à tout homme et pourtant il s'y oppose souvent selon les suggestions insistantes de la pulsion de mort. Sous l'effet de *Thanatos* il cherchera plutôt le calme plat, la béatitude, l'immobilité glacée et sereine des gisants. Ainsi se révèle, derrière la peur de l'histoire, c'est-à-dire du changement, du feu et de l'antagonisme, le visage de pierre de la pulsion de mort.

La peur du changement dans sa forme la plus absolue consiste à ne pas commencer pour ne pas avoir à continuer et sans doute pour ne pas avoir à finir. Ainsi vont, ou plutôt ne vont pas ces relations d'apparence amoureuse, que certains jeunes gens, mais aussi nombre d'adultes, limitent peureusement, à une génitalité d'autant plus emballée et débridée qu'elle est ponctuelle, factuelle et désarimée de la chaîne désirante : *canada-dry* de l'amour auquel ont recours un nombre, de plus en plus grand dit-on, de sujets désabusés avant d'avoir abusé ou même simplement usé de quoi que ce soit, revenus de tout avant d'y être allés. Ça baise, au coup par coup, le mot est bien choisi. En anglais, ça s'appelle, je crois, le *splitting* ou le *fun* ; en français ça se nommerait le touche-pipi, indéfiniment répété et généralisé, comme vaccination contre la maladie d'amour.

Pour demeurer dans le rayon enfant, on peut rapprocher cette attitude de jouissance sans histoire, sans peine ni plaisir, de celle des marmots qui, munis d'une succulente sucette, se gardent de la porter à la bouche, préférant se promener un peu partout le bel objet intact dans la main, signe et garant d'un plaisir indéfiniment protégé puisque perpétuellement retardé. Pour user de rapprochements plus « adultes », évoquons ce que Lacan considérait ironiquement comme la seule expérience d'amour adéquate, c'est-à-dire où « existerait un rapport sexuel » : l'amour courtois du Moyen Age où le chevalier espérait indéfiniment la dame de ses pensées ; autant de gagné pour éviter l'histoire d'amour avec son cortège de peines et de plaisirs. J'ai dit, évoquant les différentes figures de l'amour, combien celles que l'on dit platoniques sont proches de la génitalité au coup par coup qu'on nomme, pompeusement et fallacieusement, l'érotisme.

Au vrai, beaucoup d'adeptes du touche-pipi, du coup par coup et de la brève décharge vous diraient, surtout sans doute parmi les plus jeunes, que leurs pratiques sans histoires, visent à ne pas répéter plutôt qu'à ne pas commencer.

A les entendre, ce qu'ils craindraient d'une histoire amoureuse, ce serait le rabâchage, le radotage, les tics, les manies, le bégaiement monotone, le similaire quotidien. Peut-être conviendrait-il de s'attarder sur cette conception de l'histoire comme monotonie et répétition, de se poser la question : pourquoi, a priori, le sujet d'un roman, le scénario d'un film, le récit d'un voyage ou d'une aventure sont-ils supposés être passionnants ? Le plus souvent si on en a connu le début on brûle de savoir la suite. Rappelons-nous des conversations entre amis où on ne quitte pas la table avant d'avoir suivi le récit d'une anecdote ; souvenons-nous de la déception de devoir interrompre une séance de télévision ou de cinéma au plein milieu de la projection d'un film. Ainsi la vie amoureuse aurait l'apanage de la répétition et de la monotonie, alors qu'un film, souvent banal, un roman parfois médiocre nous tient généralement en haleine selon le plus élémentaire des suspens ?

Cette attitude paradoxale est trop répandue pour ne pas avoir une réelle signification. Il est vrai qu'*Éros* ne sort jamais sans *Thanatos* ; que la pulsion érotique est toujours menacée de domination par la pulsion de mort. Pour quitter l'évocation de cet affrontement grandiose mais assez abstrait de la vie et de la mort, tentons plutôt de faire apparaître ce qui, dans le quotidien, révèle la présence rodeuse et familièrement inquiétante de ce que Freud a repéré sous le terme horrifique et un peu ésotérique de pulsion de mort.

C'est aussi dans le familier et l'ordinaire de l'existence que nous pouvons la surprendre à l'œuvre sous une forme subtile et bien différente de ce qu'on imagine de la force rageuse et radicalement destructrice des forces de mort. La forme, d'apparence innocente, où elle se révèle dans l'existence journalière est précisément : la répétition.

Cette répétition peut certes prendre la forme dramatique d'une fatalité malheureuse, d'un acharnement tragique du destin. Je préfère pourtant, ici, montrer son action en dehors des grands moments de fureur dans ce qui paraissent même être de purs et légers instants de bonheur tranquille. Imaginons que vous visitiez Amsterdam ou Naples. Le choc de la nouveauté, de la beauté, de la singularité du lieu peut vous saisir, vous éveillant l'esprit, le corps, l'âme, dans ce grand frémissement que produit le bonheur de connaître. Par contre, si vous êtes mal disposé et si les dieux et les anges ne sont pas de votre côté, une voix sourde peut murmurer en vous : « Au fond, Amsterdam c'est comme Bruges, en plus étendu. » « Tiens, Naples, c'est un peu comme Saint-Tropez en plus grand. » L'effet de nouveauté, le mouvement de connaissance est bloqué et vous voilà répétant, ravalant en déjà su, déjà vu, déjà fait, tout fait, ce qui était révélation, précipitation dans un monde nouveau, effet de bonheur inespéré, inattendu, incroyable, inégalable. Il peut en être ainsi de la rencontre avec quelqu'un toujours porteuse de surprises, irréductible et incomparable à toute autre rencontre fut-ce la veille avec la même personne. Quand la survenue de votre interlocuteur se produit, une puissance ténébreuse peut verrouiller toute approche véritable, réduisant ce contact à la simple vérification d'une identité, d'une étiquette vite collée, d'un présupposé systématique, d'un préjugé hâtif. « J'ai rencontré X. C'est bien un professeur... » (Ce pourrait être un socialiste, un snob, un juif, un mari, un intellectuel, un illuminé, un bourgeois, un con ou mieux, une espèce de con...). La pulsion de mort est bien cristallisée dans cette locution maniaque et classificatoire : on se repère non par rapport à un sujet, unique, avec son monde sans pareil, mais par rapport à l'espèce comme donnée commune à une collection de bestioles identiques. La nouveauté vivante et ravalée à l'identique et au répétitif inerte de la mort.

En détaillant et en révélant la présence de la pulsion de mort dans le familier de nos jours ordinaires, j'ai voulu reconnaître à cette peur de la répétition en amour, une base et une explication qui en fait autre chose qu'une phobie absurde ou une crainte ridicule. La répétition, donc le danger de mort, existe bien dans la vie et l'existence des hommes. Mais quand l'histoire se répète, c'est qu'elle n'est pas l'histoire mais son repos ou son refus, le sujet se réfugiant alors dans une intemporalité paradisiaque ou infernale. Quand l'histoire d'amour se répète, c'est qu'elle n'est plus d'amour ; « il est des jours ou *Cupidon* s'en fout » ; ou *Éros*, l'inventeur généreux, le dépensier métamorphique s'endort ou s'absente, laissant la place à *Psyché* la pensive, l'immobile, l'identique à elle-même comme au miroir, le visage à son image.

Retenez-moi de céder aussi à la pulsion de mort et de vous redire encore une fois que les figures de l'amour sont multiples, que les dispositifs dans lesquels elles se combinent sont innombrables, que les espaces où l'amour galope sont vastes et changeants, que les fantaisies qui leur donnent force et forme se déploient à mesure comme un fleuve, un roman ; comme une âme qui se répand dans un corps, une vie, une existence et aussi, dans un autre corps, une autre vie, une autre existence...

Il arrive aussi que l'amour se refuse alors même qu'il est déjà engagé dans une histoire, parce que l'avenir ne semble pas pouvoir égaler le présent. Ainsi la peur de commencer, de répéter, s'accompagnent-elles souvent de la peur de changer. L'amant ne peut envisager de recevoir un cadeau du futur mais seulement une sanction ; d'attendre de l'avenir non qu'il donne et apporte mais seulement qu'il ampute et enlève. On voit ce qui se trame de culpabilité obscure dans cette idée qu'on ne peut recevoir de « prime » des jours qui s'annoncent, révélant en cela une perspective qu'on dira précisément, « déprimée ».

Cette crainte que l'avenir ne signifie que la perte des bonheurs présents nous la retrouvons à la base de toutes les formes de jouissance où dans une attitude de fascination immobile, hypnotique donc, nous décidons de planter notre tente là où on est bien et de ne plus en bouger ainsi que firent, selon l'Écriture, les disciples énamourés du Christ sur la montagne de la Transfiguration.

Un exemple plus trivial peut être reconnu dans les « splendides » (?) photos de mariage où les couples semblent vouloir se perpétuer dans une représentation fixe, raide, plate, et pour tout dire grotesque comme la jouissance même. Ces mariés au garde à vous font face aux photographes en même temps qu'ils semblent tourner le dos tout à la fois à leur passé sinueux et à leur avenir aventureux. Dans cette « assomption jubilatoire d'eux-mêmes », dans leurs beaux atours et leur sourire figé sur la pellicule, ils semblent vouloir nous dire : « Voyez comme nous sommes beaux et heureux ; admirez cette belle image totale, harmonieuse, définitive. Reconnaissez que nous avons atteint le sommet de notre amour et que nous pouvons à présent planter notre tente, nous installer dans notre maison, notre existence, enfin définie et hors d'atteinte des aléas de l'Histoire. » Il y aurait lieu de reconnaître aussi ce que cette projection idéale sur la platitude de la photo et ce que ces postures campées révèlent de désir de maîtrise apeurée sur une histoire qui ne fait pourtant que commencer.

Quant à la peur du feu, de la flamme amoureuse, elle repose sur une conception anti-héraclitéenne où « brûler » voudrait dire se détruire et s'éteindre et non se livrer au « feu toujours vivant qui s'allume avec mesure et s'éteint avec mesure ». Tout feu, tout flamme ; feu de paille ; feux d'artifice ; feux follets ; les termes abondent pour faire oublier que si le feu peut être éphémère comme une flamme il est aussi la braise patiente, aisément réveillée par le tisonnement le plus simple, par la plus légère brise qui passe ; elle est aussi cette combustion lente et productrice qui de la matière fait de la vie, comme nous l'ont appris Lavoisier et Claude Bernard, deux mille ans après Héraclite.

La peur de l'antagonisme en amour paralyse aussi son déploiement en Histoire. Comment s'embarquer sur un fleuve si on craint les courants, dans l'existence si on se méfie de la succession des saisons qui pourtant, comme l'écrit Héraclite, « apportent tout ». Comment, si on est homme, s'engager dans la vie avec une femme, si différente, si « contraire » dit le philosophe, si contrariante disent les grincheux encombrés d'eux-mêmes. Alors, qu'il est tentant de chercher le degré zéro de la tension, de s'assoupir dans les bras de *Thanatos* ou de s'enivrer des messages délivrés par le miroir à qui s'y contemple avec insistance ! Ah, le même, le même! Qu'il est bon et doux ce même, ce cher semblable, ce frère, ce jumeau homozygote, ce clone qui jamais ne nous heurtera, ne nous contredira, ne dérangera notre existence ! Même, semblable, sosie, image dans le miroir, je t'aime jusqu'à la mort et je mourrai pour cela ! Pas besoin de me lancer dans la vie compliquée, sinueuse, antagoniste que suscite l'amour.

C'est à coup sûr aller plus loin que de découvrir que l'amour se met aussi en panne par peur de la vérité, de la vérité de son désir, tel qu'il peut s'énoncer dans la démarche d'amour ; peur de la parole de vérité donc, du verbe, du Logos. Le sujet s'engage tellement dans la parole que l'amour suscite, énergiquement ébranlée et vérifiée par *Éros* en personne, que ce langage, il le craint comme il craint l'heure de vérité où l'amour se profère. Plus qu'au maître le plus sévère il appréhende « de répondre à sa propre voix » (Héraclite) parce qu'ainsi il s'expose au sens plénier et dramatique du terme. Une histoire d'amour, si elle procède du feu, si elle s'avance obligatoirement dans l'antagonisme et au travers de métamorphoses incessantes, elle ne se déploie que dans ce mouvement hardi de l'âme que la vérité est seule à produire. Cette âme combattante est incisive et tranchante comme une lame dont une face s'appelle Désir, l'autre Parole, et sa fine pointe, Vérité. Cette extrémité du désir bien dit, ce piquant terminal de l'esprit qu'évoquait Baltasar Gracián, c'est dans l'amour qu'il s'insinue le plus loin, le plus avant. C'est, en effet, dans la pointe amoureuse de l'âme que se rencontrent la forte mobilité du corps et la richesse insondable du fantasme pour s'engager et pénétrer à l'aventure, en quête d'un plaisir indû, dans le plus « intime de l'intime » de l'autre. Que ces images ne vous abusent pas ; si j'écris la lame, le combat, la hardiesse, le plaisir indû, c'est bien qu'il ne s'agit pas là, l'ai-je assez dit, du paisible appareillage de la mortaise et du tenon mais d'une démarche incongrue qui engage le sujet dans sa vérité la plus obscure à lui-même et « autant à son insu pendant qu'il veille que pendant qu'il dort » (Héraclite).

L'âme ne s'engage pas dans ce combat incertain sans que ne bronche ou que pile ce cheval ombrageux devant son noir reflet. L'amant peut alors s'attarder ou tourner bride vers des positions où son désir amoureux se cherchera un abri masqué par diverses formes de leurres ou de mascarades d'amour qui seront autant d'échappatoires à l'heure de vérité. L'amant apeuré, dans une de ces stratégies d'évitement dont l'inconscient a le secret, va alors, sans le savoir, simuler l'amour pour dissimuler la vérité de son désir et couper court à sa mise à l'épreuve : épreuve de la réalité, de l'existence, de l'autre, de la loi et du temps vécu en histoire qui signifie tout cela à la fois.

Examinons quelques-uns de ces leurres où la vérité de l'amour trouve à s'escamoter et à ne pas s'éprouver. Le sujet peut éviter la vérité et le travail sur la chaîne de significations que suscite sa recherche, en se précipitant sur un sens déjà-là, sens unique, absolu, tout fait, immédiat à l'usage de tous et de chacun (c'est-à-dire de personne...). Plutôt que de cheminer au long des signes qu'il guette et découvre chez l'aimée et auxquels il donne progressivement signification, s'avançant ainsi vers son mystère, l'amant va se précipiter à donner un sens complet, total et évident à leur relation et à leur histoire. Il s'abstiendra de chercher, par exemple, ce que signifie pour lui, pour elle, tel geste, telle parole, telle défaillance, tel élan, tel silence. Il se saisit prestement d'un sens bétonné et bien clair : « A quoi bon la connaître, à quoi bon se poser des questions ? Je sais bien qui elle est, je sais bien quel sens a le mariage ! Pourquoi m'interroger sur telle décision de ma part, tel projet de voyage, de vacances, de ce que cela signifie de particulier pour elle ? Le sens général, le bon sens suffit bien : nous sommes mariés, une femme doit suivre son mari, nos vies sont communes et indissociables ; il n'y a pas de problèmes ! » Je continuerais ainsi, en ironie : « Il n'y a pas de problème ? Donc pas de question ; donc pas de réponse ; donc pas de vérité. » Comme le paranoïaque qui « sait » le sens d'une trace de pas dans un jardin, d'une sonnerie à la porte, d'un silence au téléphone, d'une présence, d'une absence, d'une brindille sur le parquet, l'amant que le sens, le « bon sens » comme ont dit, a abusé, enivré, vit son parcours solitaire, son « rêve héroïque et brutal » de conquistador sans souci de l'existence propre de sa conquête. Qu'aurait-il à découvrir au-delà, au travers d'un sens total, immédiat et omniprésent, opacifiant toute perspective et toute velléité de questionnement. Tout est pensé d'avance et complètement. La pensive et obsessive *Psyché* a recouvert et écrasé le petit *Éros* qui suffoque, pantelant : son arc est détendu, ses flèches sont brisées et ses pauvres ailes froissées ne lui servent plus à rien qu'à palpiter douloureusement sans jamais aboutir à l'essor. L'amour plat et froid comme une table rase, une dalle, est présenté comme le sens de l'existence mais sa signification est écrasée : l'âme est en peine ; toute question avorte aussitôt conçue. Un amour saturé de sens est à la lettre insignifiant. Cédant à la mode du graphe, j'écrirais pour cet amour saisi de folie raisonnante : *Psyché/Éros*.

Quittons ces dispositifs où la vérité amoureuse s'évite au prix d'un rapprochement avec la folie absolue des grands paranoïaques et abordons à la connaissance d'un leurre moins éloigné de la réalité. Ici on évite la vérité en la remplaçant précipitamment par l'exactitude et les certitudes. Tournant le dos au long chemin ombreux des significations cherchées, guettées, trouvées, l'amant que la vérité de son désir effraie, va se livrer à un quadrillage de vérifications, preuves et raisonnements qui lui tiendront lieu de pensée d'amour. Il semble confondre système comptable et vie érotique. Contrairement aux possesseurs de sens, l'amant exact et sincère se pose des questions mais c'est platement qu'il y répond. A force de rationalité dans sa représentation, de légalisme dans son exécution, un amour logique, clair et certain se saisit de l'amant que je dirai alors obsédé, puisque cette attitude de pensée est celle repérée depuis longtemps par les psychiatres dans ce qu'ils nomment la névrose obsessionnelle. Ici *Éros* n'est pas écrasé mais délicatement et fermement emprisonné, assigné à résidence, limité dans ses initiatives, contrôlé dans ses envois, un fil minutieusement noué à ses chevilles et à ses ailes. Le graphe s'écrirait donc : *Psyché/Éros*, tant le joufflu, ses pulsions dépensières, ses fantasmes énergumènes se trouvent maîtrisés par les forces psychiques d'une rationalité puissante et pesante et par une vertu empêcheuse. Je crois que cet emprisonnement de l'amour dans des barreaux au-dessus de tout soupçon, puisque créés à partir de la raison et de la morale, représente, dans ma pratique professionnelle, la plus grande part des « malheurs d'aimer » que je suis amené à rencontrer. C'est aussi, comme l'ont fait remarquer certains auteurs peu optimistes, la grande force utile à la stabilité d'un couple. Vertu et sagesse seraient ainsi deux vigoureux infirmiers garde-fous encadrant efficacement le voyage amoureux tout au long de la route, pour que l'amant, l'amante, ou les deux ensemble mais séparément, n'aillent pas s'ébattre dans les champs voisins, les petits chemins de traverse. Pour ma part, je n'adhère pas à cette anthropologie qui ferait de l'amant fidèle un « libertin empêché ». J'essaierai de le dire « plus loin » ce qui me paraît assurer de façon dynamique et plus nécessaire qu'obligée, le continuum amoureux en termes d'élan et non de contrainte.

M'aime-t-elle, se dit l'amant ? Bonne question, inévitablement ! Celui qui aime d'amour se mettra alors en quête de signes, en chasse de significations : « Que veut dire ce geste qu'elle me fait, cette urgence à me rejoindre, ce mot qui lui échappe et m'atteint en plein cœur, cette délicatesse à toucher les fleurs et les champs. Ce rose inattendu sur ses joues, ce tremblement en me tendant une pomme, cette alourdissement soudain à mon bras... » A la même question l'amant obsédé répondra précipitamment et sans laisser le questionnement faire son chemin : « Oui elle m'aime. Ne sommes-nous pas mariés depuis dix ans ; ne suis-je pas honnête et sincère avec elle ; n'avons-nous pas quatre enfants ; ne faisons-nous pas l'amour trois fois la semaine et en tout cas chaque samedi soir ; ne reçoit-elle pas l'intégralité de mon salaire ; n'est-elle pas d'une bonne famille et n'a-t-elle pas reçu une bonne éducation ? Mais oui elle m'aime ! J'en ai la preuve. Pas de problème ! Pas de question ! » J'ajouterai encore : pas de réponse et donc pas de vérité et donc pas d'histoire...

Pour éviter le tranchant de la vérité amoureuse, celui que l'amour a mis aux abois, peut également user, innocemment, inconsciemment donc, d'un autre tour de passe-passe. Pour que son amour n'ait pas à lui poser la question de la vérité, il s'époumonnera et s'exténuera à clamer et à montrer son évidence. Pour cacher la vérité du désir on exhibe à grand bruit ses apparences : « Voyez comme je l'aime, comme je le lui dis, le montre ; comme je le fais savoir à tous et à chacun ; regardez comme elle est belle et comme je l'adore ; ne sommes-nous pas le couple idéal, débordant d'amour ? » Je dirais plutôt hyperproductif et débordant de signes afin d'éviter l'heure de vérité par les charmes de l'évidence. Comme Merlin l'enchanteur devant la sorcière, l'amant effrayé par l'amour multiplie ses charmes et ses tours de passe-passe devant un public, y compris lui-même, longtemps abusé par ce numéro de grand acteur, de monstre sacré qui montre pour ne pas avoir à démontrer, à se découvrir. Ici *Éros* gambade, volette à tous sens, tire des flèches aux moineaux, plus rose et joufflu que nature, plus espiègle que jamais. Cela pourrait s'écrire : *Éros/Psyché. Psyché* est endormie ; confuse, elle la pudique ; l'esprit embrouillé, elle la pensive ; une vague nausée au cœur, elle si sereine. Si les hommes sont les as pour un amour assoupi sur de plates certitudes, les femmes sont les virtuoses de l'amour irrécusable mais insaisissable dans la chaîne tourbillonnante de ses multiples figures successivement exhibées. On dira, trop, beaucoup trop schématiquement, qu'à l'heure de vérité, au moment où l'amour fait question, l'homme apeuré produira des preuves et la femme craintive exhibera de charmantes évidences.

Poursuivons cette revue, un peu aigre, des leurres où l'amour donne à ne pas se voir pour que la question de sa vérité n'ait pas à se poser. Examinons à présent la situation d'un couple sans histoire. Ici la vie à deux est ressentie comme un fait, une nécessité sans alternative ni échappatoire. On est marié comme on est français ou fonctionnaire ou porteur de cheveux blonds. On pourrait certes changer tout cela, mais à quoi bon : ce serait bien compliqué et sans doute inutile. « Je suis marié, bien sûr ; d'ailleurs tout le monde est marié. Vous n'êtes pas marié vous ? Vous me demandez si ça va ? Oui ça va ! On s'adapte... D'ailleurs tout le monde s'adapte ; on y arrive, on n'a pas d'histoire ; il n'y a pas de problème, pas de question entre nous. On est pareil, comme tout le monde ; tout le monde est pareil ; ça va, ça va comme ça. Oh oui, je supporte bien ma femme et elle me supporte : jamais un cri ou un écart. On se dispute souvent mais sans crier et comme on se fatigue vite de se disputer, alors on s'arrange. Connaître une autre femme ? Vous ne vous rendez pas compte ; quelle histoire ! Et vous croyez que ce serait mieux ? Ça serait pareil ! Tout est pareil, la même chose, tout est la même chose, pourvu que ça dure... Je ne sais pas ce que je deviendrais sans elle... Quel embarras ! »

Vous lisez, à travers ce propos trotte-menu de rat mélancolique pris au piège, l'expression assez commune de la pulsion de mort. On trouve ici le degré zéro de l'amour : non seulement d'*Éros*, l'amour qui se dit ou se fait ; mais également de *Psyché*, l'amour qui se pense et se représente. On écrira : *Psyché = Éros = 0.* Ce n'est pas la vie qui compte, ni l'amour, ni l'histoire, ni la vérité du désir mais la tranquillité, la durée à l'identique, la dissolution de l'être, l'aplatissement de l'existence. Dans cette morne plaine où la pulsion de mort se promène comme chez elle, il ne s'agit plus de désir masqué ; il ne convient pas de parler de leurre, mais d'enfouissement et de dissolution dans le plus opaque du réel.

Peut-être ai-je haussé le ton et donné l'impression d'un état extrême et insolite où un amour mort-né ou exténué se survit à lui-même au prix d'un confinement et de précautions extrêmes pour que rien ne vienne en bougeant le heurter mortellement. C'est pourtant à mes yeux la forme la plus fréquente des pannes d'amour ; pannes d'autant plus insidieuses et répandues, qu'elles se produisent sans vacarme, sans éclat. C'est à bas bruit que s'installe ce degré zéro d'un amour devenu trop faible pour produire seulement un petit souffle d'envie, un léger relent de haine. Cette neutralité cohabitante est au couple ce que la dépression est à l'individu. Si on en croit les épidémiologues, une personne sur dix serait en proie à un trouble dépressif au sens majeur et strict du terme. Si nous transposons cela au couple en sachant qu'un déprimé a vite fait de « déprimer » son conjoint, on conçoit que ce gel de la vie amoureuse dans les couples soit d'une fréquence qui étonnerait si on la connaissait davantage. Ici le graphe s'écrirait : ~~*Psyché = Éros.*~~ Le sujet s'identifie au monde réel qui l'entoure et qu'il perçoit comme un fait et une fatalité auxquels il convient de se soumettre en silence.

Une autre stratégie inconsciente opère avec une efficacité remarquable pour éviter qu'avec l'amour ne sonne l'heure de la vérité. Il s'agit du « droit au but » pervers. Pour le sujet que la vérité de l'amour pourrait affoler, une voie est offerte : celle du « il n'y a pas de problème parce que pas d'angoisse et pas de culpabilité ». Monsieur *Laquéquette* va où il veut quand ça lui prend, sans encombrer son esprit de représentations psychiques inutiles. Il y va au coup par coup, l'expression est juste ; sans souci de toute ces fadaises que sont la vérité de son désir, la loi, la culpabilité, l'existence du désir de l'autre et de sa signification, de l'histoire, de la durée.

Toutes ces références sonneraient comme des mots étranges et incompréhensibles aux oreilles d'un pervers qui le serait vraiment, absolument, strictement. Chez lui, l'amour ne se représente pas, il s'exécute, réduit au plus concret de la copulation génitale. On pourrait écrire : *Éros* = ± ∞ ; *Psyché* = *0*. Ce court circuit de la pulsion au corps propre, la primauté donnée au réel du sexe, tout objet dénié, n'est pas sans analogie avec la pathologie grave des psychoses.

En considérant la multiplicité et l'efficacité des dispositifs inconscients pour neutraliser la vérité en amour, on ne peut que pressentir combien elle est redoutable et combien est importante la dimension véridique d'une vie amoureuse. Il conviendrait donc d'examiner en premier lieu ce qu'il faut entendre par vérité en amour et quelle est sa place et son économie dans l'histoire des amants. L'approche apophatique, c'est-à-dire par ce qu'elle n'est pas, sera sans doute la meilleure pour expliciter cette dimension vigoureuse, fine, pointue comme la lame d'une épée.

La vérité, on le sait, n'est pas l'exactitude. Vous pouvez décrire minutieusement un lieu, un temps, ce qui s'y déroule sans que la vérité vienne sortir ce descriptif de son insignifiance. Vous pouvez narrer par le menu une de vos journées en vous contenant dans l'exactitude la plus plate. C'est au contraire parfois dans un bafouillis, un lapsus, une obscurité, un mensonge que la vérité de ce jour se dévoilera un peu.

Elle n'est pas non plus la sincérité. L'exercice, tant répandu, de se mentir à soi-même en est l'illustration et celui du célèbre « mentir-vrai », la preuve a contrario. Si vous dites que votre patron est un imbécile : c'est sûrement inexact et sans doute peu sincère, mais vous proférez là une vérité, qui est votre vérité à cet instant, plus que ne serait l'énonciation de ses diplômes, de sa date de naissance, etc., ou encore l'évaluation froide de ses capacités et de ses limites.

Encore moins la vérité n'est-elle synonyme de justesse qui

est seulement une sorte d'adéquation du propos au sujet abordé ; ni d'évidence qui est, comme la certitude ou la conviction une donnée qui s'impose au sujet, totalement et immédiatement, dans l'illusion de la maîtrise et sans qu'il ait à produire quoi que ce soit d'élaboré.

La vérité par contre et singulièrement la vérité du désir, échappe en permanence au sujet qui ne peut que la viser, parfois l'atteindre, mais jamais la maîtriser et la posséder tout entière, ainsi qu'il en est de l'amante pour son amant. Cependant, la vérité ne peut être considérée comme un idéal inatteignable qu'il y aurait lieu de révérer de loin, comme une idole parfaite, une valeur intemporelle. Cette vérité du désir prend donc la forme d'une visée qui suscite un dynamisme propre selon un dispositif qui lui est particulier. Ce dynamisme, ce dispositif pourrait s'apparenter au travail d'un laboureur dans son champ. La charrue engagée dans la terre, le paysan parcourt le champ du regard. C'est ensuite que peut se déployer en fonction de cette visée et de cette saisie, un vaste remuement de la terre sous la forme d'un trait révulsif, un sillon et non certes à la manière d'une éruption volcanique qui bouleverserait ce champ dans sa totalité. Le sillon ainsi creusé, peut être vu comme la conséquence de l'antagonisme entre le projet et le travail du paysan d'une part, et d'autre part la résistance bien réelle de la terre. On dira ainsi que la vérité du désir serait insaisissable en son entier comme le ferait du champ une éruption volcanique, mais atteignable en partie dans un travail se déployant selon un dispositif auquel le désir donne forme en s'affrontant à la réalité. On voit que la vérité du désir : champ, visée, travail, dispositif informé par le désir n'est pas un « état » comme serait celui d'un sujet en bonne santé par rapport à un sujet malade ou un homme aux cheveux bruns par rapport à un homme aux cheveux blonds. A aucun moment il ne sera possible de dire : « Tel est dans la vérité de son désir et tel ne l'est pas. » Tout au plus sera-t-il possible de discerner si la visée est en place, si le champ est envisagé, si le dispositif est à l'œuvre.

Le dispositif de vérité s'apparente aussi à ce qui opère chez celui qui écrit ou parle sans préparation érudite et sans présupposé retors. Il ne cherche pas principalement à être exact, ni même sincère, ni même et avant tout compréhensible, ni séduisant ou convaincant. Il cherche à agencer ces mots selon une sémantique, une syntaxe, mais aussi une rhétorique et selon une rythmique, une tonalité, une mélodie du propos lui permettant de dire au plus près, aussi véritablement qu'il est possible, mais de façon toujours insatisfaisante, ce qu'il désire exprimer. N'est-ce pas d'ailleurs cet accent de vérité qui touche et fait mouche à la lecture de vrais écrivains qui ne sont pas d'habiles fabricants de livres, des érudits ou des penseurs. Nous percevons le même accent de vérité en écoutant un orateur parlant sans note ou un simple interlocuteur attaché à dire ce qu'il veut dire et non ce qu'on veut qu'il dise ou ce qu'il doit dire selon des idéaux éthiques, esthétiques, sociaux, culturels, commerciaux...

Ainsi ce que nous sommes, « vrais », « faux »... ou « rien », est le fruit d'un travail où le sujet creuse un sillon pas à pas, mot après mot, signification après signification, dans un champ et selon une visée insaisissable en son entier. C'est l'effet d'une aventure de langage où le sujet épris de vérité « à défaut de pouvoir dire ce qu'il est, devient ce qu'il dit », selon la formule de Brice Parain. Le « parler vrai », concept dont on a fait un gadget politique, est une forte réalité si on veut bien, encore une fois, ne pas la confondre avec la sincérité, l'exactitude, la « transparence ». Ces attitudes naïves et craintives se nourrissent de l'illusion de la limpidité du sujet à lui-même et du déni de sa division et de son décentrement (« je ne suis pas où je pense et je ne pense pas où je suis ») et ne sont que pauvres tentatives pour éviter l'aventure dangereuse d'une rencontre avec un moment de vérité.

Je ne voudrais pas cependant dramatiser, hausser encore le ton, présenter le dispositif de vérité qui se déploie dans l'amour en lui donnant continuité et nécessité, comme une entreprise héroïque qui ferait de chaque histoire d'amour une véritable épopée don-quichottesque. La vérité en amour consiste assez simplement pour chacun des amants à être des guetteurs de signes, des experts en significations propres à leur amour. Encore plus simplement : aimer c'est se poser des questions sur l'autre : que signifie mon désir pour elle et que signifie son désir pour moi. C'est un mouvement du cœur et de l'esprit, régulier et assez involontaire, tout à fait délicieux et passionnant, bien plus que le tricot ou les mots croisés, et se déployant de façon assez analogue au quotidien de la recherche scientifique ou de la création artistique.

Il est temps à présent que je m'explique sur le caractère nécessaire de la vérité en amour. On a pu comprendre son intérêt, son charme, ses exigences ; n'est-ce pas aller trop loin que de parler de nécessité ?

Si je parle de vérité nécessaire c'est au sujet d'un amour qui se déploie en histoire. Par contre, l'énamoration vite faite, l'amourette charmante qui passe et se dissipe comme un joli nuage rose, n'ont rien à gagner et tout à perdre à cette visée. « L'heure de vérité » serait pour elles comme dans la corrida, le moment de leur mise à mort. Par contre, l'histoire d'amour ne se déploie qu'en tant qu'histoire vraie, c'est-à-dire entraînée par le cours exigeant et têtu d'un Logos selon la chaîne aux maillons multiples et robustes des significations, selon les nœuds habilement et solidement tressés d'une intrigue romanesque. Il n'y a pas de voyage sans chemin. Dans les voies aventureuses qui traversent les montagnes ou les déserts, les savanes, pas de cheminement sans mise en cordée, sans caravane. Sans m'attarder sur ces considérations de formulation abstraite, je voudrais dire que le lien, la chaîne au sens dynamique, caravanier, montagnard du terme est ce qui permet d'avancer et de découvrir, « de connaître le voyage jusqu'à la fin ». Sans ces liens entre les marcheurs, chacun serait condamné à l'attachement au sol, à l'agrippement aux choses immédiates, aux semblables, aux conjoints, définitivement fixés sous le joug. Sans la caravane pas de nomadisme mais la sédentarité obligée. Sans la cordée pas d'alpinisme mais seulement la station dans la vallée. Sans la chaîne de signification et de langage au fil du Logos, dans une démarche de vérité, pas d'histoire d'amour, mais des historiettes successives ou des barbotages interminables dans les eaux troubles du marécage conjugal : deux bovidés sous le même joug tournant hors du temps dans le même marais.

Cordées, caravanes, montagne, désert, voilà encore que les mots trahissent, traduisent à mon insu et contre mon gré, l'ardente nécessité de la vérité en pesant devoir, en tâche laborieuse. Il me faut donc préciser encore. La vérité dont je parle est celle qui chemine en gambadant, mue par la joyeuse envie de découvrir, de dévoiler. Il s'agit d'une « vérité qui danse », celle qui comptait aux yeux de Nietzsche. C'est un appétit de vérité aiguillonnée, tarabustée, emportée par *Éros* le joyeux dépensier, l'énergumène joufflu. C'est de la vérité du rire dont je parle ici, de ce « gai savoir » où la vérité du Logos se mêle de façon indissociable aux joyeuses folies d'amour. J'ai soutenu que l'amour ne saurait naître sans une joie inaugurale, ruisselante comme le soleil et débordante comme *Éros* même. Comment s'étonner qu'elle accompagne inlassablement la vérité d'amour tout au long de sa marche, explosant au grand jour comme un grand rire, devant les trouvailles, les retrouvailles, les métamorphoses inattendues, les dévoilements inespérés d'une histoire. La vérité n'est pas un souci supplémentaire, une exigence souhaitable de la vie amoureuse ; elle en est le moteur, la fine pointe vibrionique, la tête chercheuse, la fine mouche, la fusée traceuse et rieuse dans le ciel rose et bleu où naviguent ceux qui sont partis pour une longue trajectoire d'amour.

Comment s'étonner alors que les amants en viennent souvent très vite, à aimer la vérité de leur histoire, à y porter attention et crédit ; à la considérer comme un bien précieux, non négociable, vital comme le G du Golem. Le fil rouge qui court dans l'épaisseur et les sinuosités de leur histoire d'amour, l'homme et la femme ne veulent, ne peuvent le quitter longtemps des yeux. Ils savent, sans avoir besoin pour cela de lire Héraclite, ni Freud, ni Aragon, ni ce petit livre, que le passé est gros de l'avenir et que les mois, les années qui seront, sont en germe dans les mois, les années qui furent ; que ce qui vient est l'explicitation, l'actualisation, le déploiement de ce qui est venu.

Cet amour attentif à la vérité constante du discours amoureux au fil des temps et au travers de celle qu'il aime fonde, à mon sens, la vrai fidélité d'un amant. Cela mérite pourtant d'être examiné, tant ce mot de fidélité, qui pourtant sonne large et flamboyant, dissimule aussi parfois de réalités étroites, pesantes, grisâtres...

# 6. La fidélité

Il conviendrait peut-être, le subtil émanant souvent du trivial, de laisser d'abord résonner ce mot dans ses gammes les plus basses. Qu'est-ce qu'un client fidèle ? C'est celui qui a pris l'habitude de commercer régulièrement, fixement, avec le même fournisseur et cela ouvertement, de façon clairement apparente. Cette fidélité-là est donc un trait de caractère au sens précis du terme : apparent, fixe, uniforme, répétitif comme l'écorce d'un arbre, la carapace d'un crustacé, un caractère d'imprimerie. Le caractère fidèle d'un client se base en général sur l'expérience d'une complémentarité simple, stable, satisfaisante entre l'offre de l'un et la demande, les besoins, de l'autre. Par le biais du besoin régulièrement formulé et satisfait, le fournisseur maîtrise son client et le client son fournisseur. Cette maîtrise réciproque, cet encadrement correspond assez bien à une certaine conception fixiste de la fidélité amoureuse ; des besoins semblables ou complémentaires s'arriment, se solidarisent, comme dans les bonnes menuiseries la mortaise se fixe définitivement dans le tenon. Il faut voir que cet attachement fidèle au semblable ou au complémentaire n'est pas le propre de la fidélité commerciale ou associative même si elles en sont les exemples les plus « caractéristiques ». De solides amitiés parfois discrètement colorées d'amour représentent une forme plus émouvante et plus souriante de ces vigoureux arrimages. Dans l'amour amoureux, lui-même, il serait bien naïf de dire que cette fidélité caractérielle n'ait aucune part. Si la formule provocante : « en amour, pas de sentiment ! » me paraît porteuse de vérité, il n'en est pas moins vrai que les aménagements tendres, amicaux ou « sentimentaux » participent utilement à créer l'espace d'intimité favorable aux grandes audaces amoureuses.

Il demeure cependant, qu'à mes yeux, cette forme de maîtrise réciproque, si elle est une bonne représentation de la copulation des insectes, me paraît bien lointaine de la fidélité dans sa spécificité amoureuse.

La Loi ! dira-t-on alors. C'est la Loi, qu'elle soit éthique, juridique, sociale, religieuse, qui organise les couples dans leur durée sinon leur histoire. La Loi, les lois et ses représentants : juges, ecclésiastiques, voire médecins ou psychanalystes fourvoyés dans les chemins normatifs, seraient ainsi les garants du couple en sa durée. La Loi et ses représentants seraient les garde-fous de l'homme et de la femme amoureux l'un de l'autre et considérés en cela non comme saisis par la vérité de leur désir, mais dérangés dans leur psychisme au sens le plus plat et fixe du terme. Ai-je besoin de redire que cette anthropologie n'est pas celle qui inspire ma réflexion et que la folie amoureuse me paraît la meilleure des raisons d'être.

Pourtant la Loi dans un autre sens, ou plutôt un autre usage, me paraît contribuer au grand œuvre de vérité et de gai savoir à laquelle donne lieu la vie amoureuse. Comme cela a été souvent dit, mais il m'est permis de le reprendre à ma manière, la Loi n'est pas seulement normative, elle est aussi et plutôt interdictrice. Prenant le mot dans son étymologie, nous entendons que la Loi vient se mettre « entre » le sujet et lui-même, « entre » le sujet et l'autre, « entre » le sujet et le monde, pour l'amener « à dire ». Ainsi s'entendrait l'interdiction. La Loi interdictrice dirait : « Tout est permis mais tout n'est pas possible. » Elle ajouterait à ceux qui voudraient bien entendre : « Il n'est pas vrai ni possible que toi c'est elle, qu'elle c'est toi ; que son désir réponde à ton désir pour le satisfaire ; que tu es là où tu penses et non plus qu'elle est là où tu penses ; qu'il n 'y a "pas de problème" ; que "cela va sans dire" ; que tout est pareil et silencieux ; que "tout est dans tout" et inversement ; que la méthode *Assimil* permet des amours sans peine. » La Loi, dans cette fonction interdictrice, signifie encore à qui veut bien la recevoir : « Vous n'y couperez pas à la coupure : celle de Chronos et de l'histoire, celle du sujet avec lui-même, celle brûlante du désir, celle tranchante de la vérité. » C'est ainsi que la Loi participe au déploiement de l'amour en histoire : en l'obligeant à se dire, à se poser des questions et donc à se trouver des réponses et ainsi « accorder la vérité au désir ».

La fonction interdictrice serait-elle nécessaire mais arbitraire comme, dans le code de la route, le choix de la conduite sur le côté gauche ou droit de la voie ? On sait qu'aucune raison n'impose l'une ou l'autre règle mais qu'il faut qu'il y en ait une pour que soit possible le cheminement des flux de circulation. Certes il me semble que la loi opère parfois ainsi : comme un code arbitraire qui s'impose à tous pour permettre les échanges, selon la conception d'un structuralisme sommaire. Mais je pense que la loi se met aussi en place à la manière dont se sont créés les chemins qui dans les campagnes se proposent aux marcheurs. Ces petites routes, ces sentiers, ont été tracés le plus souvent, non par le raisonnement complexe d'un ingénieur ni par la décision souveraine d'un technocrate, mais par la sagesse des générations qui ont foulé successivement le même trajet pour se rendre d'un point à un autre, parce que telle était la voie la plus courte ou la plus aisée ou la plus belle ou la moins dangereuse. Ainsi la route est là qui se propose comme trace d'un désir et d'une sagesse que d'autres nous ont transmis au fil des temps selon une filiation continue. Nous pouvons à présent accepter cet héritage ou le refuser au profit d'autres chemins ou d'autres directions. Il en va sans doute de même de ces lois qui, derrière leur aspect contraignant et souvent arbitraire, représentent la trace d'un désir et d'une parole de beaucoup d'autres qui ont cheminé avant nous. C'est donc vis-à-vis de cette parole ancienne et transpersonnelle, que nous pourrions en cela appeler parole de l'Autre, que se jouera profondément le rapport à la loi en termes non de soumission automatique, mais d'acceptation ou de refus. La loi est un testament qui parle et qui demande réponse. Elle est donc en cela encore « interdictrice ».

La loi ainsi perçue pose la question de la vérité en amour, l'amène à se signifier, à se dire et en cela faire histoire selon une fidélité à un Logos transpersonnel et pour certains « transcendant » en ce sens qu'il nous a précédé et qu'il nous survivra.

Et pourtant c'est en terme plus intérieur, moins légal, plus « nécessaire » que je discerne le fondement et l'insistance de la fidélité des amants l'un à l'autre. Il s'agit, dans cette perspective, non d'une soumission à une loi perçue comme extérieure mais la confiance en la continuité nécessaire d'une histoire : en ses sinuosités et métamorphoses passées, en son flux présent, en son élan vers le futur.

On me rétorquera qu'il s'agit alors d'une fidélité à soi-même et non de la fidélité amoureuse ou conjugale. Je proteste contre cette objection avec d'autant plus d'ardeur que je me la suis moi-même formulée... La fidélité à soi-même serait confiance à son « soi » et à son « même », donc à ce qui nous est identique, inaltérable et maîtrisé : notre caractère, nos croyances, nos pensées claires, nos engagements fixes. On voit qu'il s'agirait là d'une fidélité maîtrisée que je qualifiais de commerciale, de contractuelle ou de caractérielle.

Ce que j'envisage ici c'est, au contraire, une fidélité à « soi-autre » ; c'est-à-dire ce qui en soi est marqué, informé par l'autre : le discours intérieur, le Logos, c'est-à-dire le mouvement de l'âme, le fantasme en verbe, dont l'autre est le protagoniste, l'interlocuteur, le personnage actif et réactif permanent. La confiance en « soi-autre », si on veut bien me pardonner ce barbarisme lourdaud, est ce qui constitue à mon sens, la part drue et véridique de ce concept ambigu de fidélité qui peut revêtir par ailleurs des connotations et des significations flicardes, juridico-policières et bondieusardes qui sentent le constat d'huissier, les caleçonnades, le confessionnal et le « foutre rance » selon la formule osée de François Mauriac. Il me faut donc expliciter encore et dire ce qui constitue précisément ce « soi-autre » à qui je fais confiance pour être l'ardeur et le moteur de mon histoire.

Il s'agit de cet « étranger qui m'habite », « qui pense où je ne suis pas et qui ne pense pas où je suis », qui me « fait parler pour être et non être pour parler », qui me fait sujet de mon propos alors que moi-même ne puis jamais assujettir mon propos, ni à ce que je crois être, ni à ce que je veux dire, ni à ce que veut ou peut entendre mon interlocuteur.

Il me faut bien faire confiance à cet autre en moi qui prend la parole sur l'essentiel : il dit la poésie, il laisse échapper l'aveu d'amour, il profère le « je t'aime », il lance des mots aux trousses de celle que j'aime et chacune de ces paroles l'atteint et la lève « comme au bosquet la perdrix rouge » ; il fait mouche sans viser, comme à son arc le maître zen ; il m'étonne moi-même et enchante celle que j'aime qui appelle son enchantement : « mon charme », tant cette opération est involontaire et s'apparente au mystère et à la magie. J'ai confiance en ce moi-autre parce qu'il sait te parler mieux que moi-même ; parce que c'est moi-même que tu écoutes et que c'est moi-autre que tu entends. J'ai donc confiance en ce moi-autre, je le protège et le nourris fidèlement parce qu'il parle mieux que moi-même la langue étrangère qui t'est familière. J'ai mis ma foi en ce moi-autre qui démontre sans preuve, qui met en musique mes petits mots, qui se fait aimer de toi sans effort ni mérite, qui semble avoir des ailes pour se déplacer, un arc pour faire mouche et la tendresse ingénue et espiègle d'un enfant. Je fais confiance à cet autre moi-même où je reconnais donc plutôt le joufflu aux pieds ailés que le vieux bouc aux pieds fourchus. Je suis fidèle car j'aime cet étranger qui m'habite : il sait parler à cette étrangère que je poursuis.

Que tout cela justifie la confiance en ce moi-autre, vous l'avez sans doute admis ; mais il me reste à dire ce qui en lui est porteur de l'histoire d'amour d'un homme avec une femme dans sa pleine durée. Que ces mots et ces phrases t'atteignent, que leur charme opère en toi, que les tiens me rejoignent et me bouleversent, ne justifient ni expliquent en quoi ce moi-autre pousse nos vies à se dérouler l'une à l'autre tressées. Tu connais mes secrets mieux que moi-même, mieux que les tiens. Je te vois nue comme jamais le miroir ne te le permettra. Je sais ton âme et toi la mienne comme aucune psyché, aucune psychologie, ne saurait les dire. Mais pourquoi donc devrai-je pour cela rester à tes côtés ? Ne pouvons-nous pas nous contenter de cette connivence intime, de ces petits gestes secrets furtivement, fugitivement échangés et aller chacun notre chemin ?

Cela se pourrait si le Logos, le discours d'amour, n'était ce fleuve se déployant à mesure, certes, mais selon un parcours qui t'ayant traversée, ne peut plus ne pas passer par toi. T'ayant atteinte et traversée, le fleuve Amour n'a plus d'autre cours, ne connaît pas de bief qui à présent puisse lui éviter d'inonder tes prairies, de s'étendre dans tes paysages, de se rafraîchir à tes sources, de s'abîmer en tes profondeurs et de ressurgir dans ton propos, dans ton rire, dans ta vie familière.

Tu es venue faire trace indélébile, cicatrice sensible, blessure loquace dans ce long roman qui est ma vie et dont je suis, quoi que j'en pense, plus le sujet que l'auteur, plus le personnage que le narrateur. Que faire dans une intrigue où chaque situation, chaque échange de propos serait marqué d'un blanc, d'un silence. Que ferai-je de ce roman inachevé et obstiné à se poursuivre, que deviendrai-je, auteur d'un récit auquel le personnage principal fait défaut. Quel Beckett, quel Ionesco, quel Pirandello pourrait rendre compte de ce théâtre sans personnage. Que deviendrait ce locuteur sans locution ni interlocuteur, ce bayeur aux corneilles, ce discoureur à la cantonade, cet hurleur avec les loups dans le silence des steppes. Comment dire après, encore, et encore après, ce long discours que tu informes plus qu'il ne t'informe, si tu n'en es plus le témoin et le garant ; et comment faire sans ce récit qui au long des jours, des ans, me tient debout « sur ma colonne absente ». A qui parlera le clown triste, seul sur la piste, dans son rayon de lune ? Comment réveiller le petit bonhomme joufflu qui après avoir tiré toutes ses flèches aux moineaux, se serait endormi d'un sommeil sans appel, dans le silence opaque d'un monde sans réponse. Comment la narration amoureuse se déploierait-elle sans personnage et sans lecteur, sauf à verbigérer dans le vide ou à rabâcher dans les mécanismes.

Charles Péguy écrivait, bien chauvin, mais exprimant à merveille l'active et nécessaire présence de l'autre dans l'existence aimante : « C'est embêtant, dit Dieu, ces Français, quand il n'y en aura plus il y a des choses que je fais qu'il n'y aura plus personne pour les comprendre. » Je ne sais ce qu'il en est de Dieu et des Français, mais par contre je sais bien que pour l'amant « ces choses qu'il n'y aurait plus personne pour les comprendre », c'est tout tristement simple : il ne les ferait plus. *Éros* s'endort et s'absente ; l'amant sans amour survit de semblant, le sang rouge du discours amoureux s'étant écoulé en hémorragie, épuisé en terre aride ou figé dans les glaces. On reconnaîtra que le fleuve du Logos est passé là à de simples traces géologiques, à quelques fossiles pétrifiés qui signifient sans dire qu'une vie, là, a été vécue.

Cet autre qui m'habite est le seul à connaître la langue propre, le style particulier, la parole singulière qui tient mon âme vivace et engagée. Or cet autre parle cette langue, soutient cette parole en ce qu'elle est ouvertement ou secrètement, consciemment ou inconsciemment adressée à celle que j'aime. On voit par là que la fidélité est autre chose qu'une règle morale, sociale ou religieuse ou encore l'honnêteté ou l'exactitude dans un contrat, mais bien la condition nécessaire pour que se soutienne le langage de vérité. Le Golem, on s'en souvient, était marqué du nom de vérité sur son front. Il est redevenu argile, la vie l'a quitté, lorsque, en effaçant la première lettre de son nom, Golem devenant Olem, c'est-à-dire en hébreux « mort », on lui a ôté le signe de vérité qui le faisait vivre. L'infidélité à un amour, quelle que soit la forme qu'elle prenne, absolue ou partielle, transitoire ou permanente est risque de mort par extinction ou exténuation du langage de vérité qui soutient la vie et l'informe en existence et en histoire.

On comprend que la société ait cherché à se prémunir contre ce risque mortel par des garde-fous législatifs ou éthiques, profondément ingénieux, afin que perdant sa vertu, on n'en vienne pas aussitôt à perdre son âme ou sa vie. La transgression de la règle de fidélité étant vécue comme une faute, c'est-à-dire nommée, délimitée, répréhensible mais non abjecte, le sujet se trouve ainsi protégé contre l'atteinte de plein fouet de la vérité de son désir et donc de l'existence de son âme. A l'abri de cette problématique subtile de la faute, de l'accusation, de l'expiation, du pardon, le flux désirant et parlant, le Logos peut continuer son cours difficile mais ininterrompu. L'âme ainsi pour un temps est sauve grâce ce tour de passe-passe qui fait croire « que tout est possible mais que tout n'est pas permis » en énonçant donc ce qui me paraît le contraire de la vérité. La fidélité est alors présentée comme obligation pour faire oublier son caractère nécessaire et vital. Ainsi l'amour, penaud, continue à murmurer sa vérité évitant ainsi la disparition dans les sables du désert. « L'homme qui doute de son amour doit douter de toute chose » sauf si une loi le désigne comme fautif, lui évitant ainsi de chuter dans l'innommable et de retourner à l'état inerte et silencieux de l'argile primitive.

Pour terminer cette évocation de la fidélité amoureuse, il me paraît nécessaire de la distinguer de ce qu'elle n'est pas, par exemple : la solitude, l'absence, la distance, le changement de perspective à l'intérieur du couple amoureux. J'ai en effet tenu à situer la fidélité dans sa radicalité et sa dramaturgie essentielle, c'est-à-dire une situation où l'amour devient impensé ou impensable et où donc le discours amoureux n'a plus lieu à se déployer et ne peut donc assurer la vigilance et la vaillance de l'âme. Je suppose donc une situation où l'amant ne peut plus inclure son propos dans sa « longue récitation intérieure ». Le travail amoureux, la pensée d'amour tissée dans un va-et-vient permanent entre fantasme et réalité, entre soi-même et soi-autre, ne dispose plus de la trame élémentaire ou d'une suffisante continuité dans le fil pour continuer le cheminement vers l'œuvre d'amour.

On voit ce que cela implique de profond et de radical lorsque se trouve ainsi posée la question de la fidélité. Ce qui est en cause c'est l'affaissement du discours profond, l'extinction du *cante rondo*, animateur, garant d'une âme vivante.

Au contraire, les innombrables changements dans le dispositif fluvial du Logos ou la stratégie narrative de l'histoire amoureuse ne mettent pas en cause cette fidélité-là malgré parfois certaines apparences. Ainsi la solitude et la distance où se mettent les amants dans le cours de leur histoire peut ressembler pour un observateur hâtif à une éclipse de la fidélité. Le croire serait oublier ce que je ne veux pas rappeler encore : que l'amour se déploie en de multiples figures et selon d'innombrables mouvements dont les images fluviales ou romanesques nous ont évoqué les aspects changeants et si différents bien que sous-tendus par la permanence d'un cours.

Parfois donc l'amour semble s'absenter et le fleuve se perdre en des marais où chacun des amants vient guetter le reflet du beau Narcisse ou adopter la mine absorbée en elle-même de la pensive et rêveuse *Psyché*. Il ne faut pas croire trop vite que l'amante va s'engloutir dans le miroir ou l'amant se perdre dans le labyrinthe de ses réflexions solitaires. Il convient plutôt d'évoquer l'examen attentif d'elle-même que fait l'amoureuse avant la fête érotique, à la réflexion songeuse de celui qui va bientôt rencontrer l'aimée. Ne sont-ils pas seuls et recueillis à la manière de celui qui prépare son logis pour une visite espérée ou qui s'affaire aux cuisines pour un festin qui s'annonce. Ces retours sur soi-même, dans l'attente de soi-autre sont sans doute aussi nécessaires à l'économie de l'échange amoureux que les haltes restauratrices au cours des voyages les plus audacieux.

Il en est de même de ces métamorphoses, ces méandres, ces passages à d'autres formes discursives, à ces métaphores, à ces métonymies ou, comme dans l'acte d'amour, les amants changent de position et de perspective l'un par rapport à l'autre. Explorer, après de vigoureuses et audacieuses initiatives, les joies sournoisement lascives, secrètement érotiques, n'est rupture de fidélité qu'aux yeux du benêt soumis aux apparences et ignorant des variantes tactiques, aussi multiples qu'ingénieuses, à l'intérieur de la grande et insistante stratégie amoureuse : « Tais-toi, laisse-moi, je veux lire, je veux dormir ; je veux sortir, voir du monde ; je me réjouis de te voir si indépendant ; de ce voyage où tu pars seul. » Quelle fidélité secrète ne s'est jamais déployée au travers de ces éclipses, volte-face, « mi-fugues mi-raisons », de ces yeux fermés pour mieux se laisser voir ; de ces éloignements pour mieux se laisser saisir ; de ces retraits pour être trouvé.

# 7. Fécondité

Comment parler de l'existence amoureuse sans évoquer un des effets de sa durée : sa capacité à produire du nouveau, c'est-à-dire à créer. J'aurais pu me contenter d'évoquer le mode de fécondité le plus habituel au couple amoureux : la mise au monde d'enfants, nécessairement suivie de leur introduction à l'existence, au langage, à la connaissance. Pourtant, avant d'évoquer la procréation elle-même qui en est le paradigme, je voudrais situer la place de la fécondité dans l'économie érotique et l'existence amoureuse et en particulier les effets de cette capacité à produire du nouveau dans l'histoire des amants mais aussi les cultures des peuples.

Au départ, disais-je, était la mort, l'homogène, l'inanimé, l'inerte dont la vie garde la trace agissante sous la forme de la pulsion de mort. C'est avec *Éros*, représenté par la pulsion de vie, que l'animé, le complexe, l'antagoniste, l'hétérogène, prend son essor.

La première fécondité de l'amour c'est son existence même, le temps où il émerge, nouveau-né rose et joufflu, des forces équilibrées, statiques et répétitives de la mort originelle. La reproduction sexuée, c'est-à-dire incluant nécessairement l'intervention d'un autre individu de l'autre sexe, accentuera encore l'effet de création et de novation en permettant la venue au monde d'individus radicalement nouveaux par rapport au couple procréateur et chacun absolument différent de ses congénères. Ces considérations bien classiques de biologie générale indiquent à quel point la vie, comme système néguentropique et complexifiant et particulièrement *Éros* dans ses effets de sexuation, introduisent généreusement le nouveau, le multiple et l'indéfiniment différent dans le monde en contraste et antagonisme avec l'inanimé, répétitif et stable, obéissant à la loi d'entropie.

Sur un mode moins métabiologique et plus imagé, rappelons-nous comme *Éros* est dépensier, festif, généreux, énergumène, débordant d'initiative et d'interventions. Ces débordements amoureux sont précisément à la source de la fécondité érotique : ça produit et reproduit parce que ça déborde comme un fleuve en crue, comme une usine en surchauffe. Mais la fécondité ne se limite pas à cette production de surplus.

*Éros*, on le sait, de son arc et de ses flèches vise l'objet : c'est un chasseur, un prédateur avisé. La fine pointe du désir en quête de proie brise le monde halluciné de la pure représentation pour nous rendre présent aux choses, les visant, les désignant puis les nommant et ainsi les exhaussant en autant d'objets de notre monde humain. Il s'agit là d'une autre forme de la fécondité érotique : la désignation et donc la mise à la disposition de l'esprit industrieux de chaque pièce du monde, de l'infime bactérie intime à notre corps aux étoiles géantes les plus lointaines. La psychopathologie nous démontre tragiquement comment, en l'absence de cette mise en perspective et en visée érotique du monde, le sujet humain se trouve livré à la masse insignifiante de choses dans cette saturation chaotique par le réel que nous appelons la psychose.

C'est, je l'ai dit, dans les effets de reproduction sexuée qu'*Éros* révèle au mieux sa fécondité inventive et multiplicatrice à l'infini. L'amour érotique, l'amour de l'autre donc, introduit dans la reproduction non plus l'effet élémentaire de redoublement du semblable mais la création indéfiniment variée et complexe du différent. La révolution novatrice de la reproduction sexuée apparaît d'évidence dans les formes les plus simples de la vie animale dès lors qu'elle ne se produit pas par simple dédoublement et scissiparité. Aucun poussin, aucun chiot n'est semblable à aucun autre de la même couvée ou de la même portée. Mais c'est dans les multiples combinaisons reproductives des couples humains que la fécondité novatrice d'*Éros* se déploie avec la plus large et majestueuse efflorescence. En effet, c'est chez l'homme et la femme que l'autre est le plus-« autre », c'est-à-dire le plus différent et multiple dans ses différences. Quand un homme aime une femme c'est (l'ai-je assez dit !), deux désirs asymétriques, hétérogènes, antagonistes qui se croisent ; mais aussi deux mondes individuels qui se combinent et s'altèrent. Le monde du père et celui de la mère sont à tel point différents comme *Éros*, comme *Psyché*, mais aussi comme histoire propre, comme système de références culturelles et comme dispositif de représentation conscient et inconscient, qu'aucun peintre ne pourrait rêver de composer son œuvre avec une telle palette réunissant une infinité, au sens littéral du terme, de tons, pour une infinité de combinaisons.

L'hétérogénéité antagoniste dans la relation amoureuse introduit dans l'histoire des amants des effets de novation possible et donc de fécondité quasi indéfinie. Si nous avons le désir « de vivre encore et de connaître notre histoire jusqu'à la fin », c'est parce qu'elle ne peut être qu'un roman absolument inédit, sans aucun précédent, sans aucune similitude véritable avec aucun autre. L'existence que l'amour anime ignore le plagiat ou le pastiche, la copie conforme, la réédition, la répétition, en elle « toujours l'inattendu arrive ». Mais encore faut-il qu'il s'agisse d'amour et non d'une de ces coalescences au semblable ou appareillages au complémentaire qui permettent sans doute à un couple de se reproduire mais non de procréer, c'est-à-dire de mettre au monde du nouveau et de la novation dans leur histoire. Pour qu'*Éros* procréateur et novateur opère, il faut que le sujet aimant ait surmonté ces peurs du changement, du feu, de l'histoire, de la vérité que j'ai longuement évoquées. Il doit pour cela être capable de supporter la « relation d'inconnu », c'est-à-dire d'un lendemain qui ne sera pas comme aujourd'hui, c'est-à-dire aussi l'irruption d'un autre, y compris en lui-même, qui ne sera pas comme il l'avait pensé. Cette attitude basale de confiance vis-à-vis de l'inconnu, hors maîtrise, représente sans doute la forme humble et radicale de la Foi. Mais cette attente heureuse de l'inconnu ne suffit pas, il y faut aussi la forme active de l'amour : la visée, la saisie, la curiosité, la pénétration. La novation par l'amour d'une histoire ne se produit que si l'aiguillon du désir et l'épée de la vérité sont venus réveiller l'inconnu, le révéler et le féconder en vue d'une histoire nouvelle sinon d'une nouvelle naissance.

La fécondité amoureuse dans les cultures des peuples n'est plus à démontrer bien que les angoisses de métissage, c'est-à-dire d'altération de sa culture par celle de l'autre soit bien présente et pas seulement sous la forme classique et sagement stéréotypée du racisme. On sait pourtant qu'une culture ne se féconde d'une autre que lorsque l'amour s'en mêle et vient crever la bulle de la suffisance culturelle grâce à la collusion désirante d'un homme et d'une femme. Moins métaphoriquement, il apparaît bien qu'un savoir sur une culture étrangère ne devient fécond, c'est-à-dire répandu, partageable, fructueux que s'il cède la place à une connaissance plus intime, plus engagée dans un esprit non de saisie globale et englobante mais de pénétration personnelle, altérée et altérante.

Je voudrais m'avancer prudemment dans un domaine moins rebattu par les meutes du savoir et de la réflexion et envisager en quoi l'amour amoureux, érotique donc, est sympathique, congruant, compatible avec la culture dominante de notre époque. Celle-ci me paraît plutôt s'inspirer profondément et se référer à l'autre forme d'amour : l'amour du semblable, de l'égal, de l'identique, du frère, par l'intermédiaire de réflexions intensives dans la psyché. Dans quelle mesure *Éros* énergumène peut-il respecter et intégrer les idéaux républicains, sociaux, humanitaristes de liberté, de fraternité et d'égalité ?

Qu'*Éros* soit pour la liberté, comment pourrait-on en douter : il l'incarne, il s'en nourrit, il s'y meut, c'est son mode d'existence. Libre, il l'est ; il ne vit que s'il l'est ; libertin aussi ; libertaire souvent. Mais *Éros* a-t-il le sens démocratique et social, sa fécondité est-elle dans ce registre. La primauté donnée au frère, à l'identique, au semblable, à l'égal, ne se situe-t-il pas en antagonisme par rapport à son intérêt passionné et sourcilleux pour l'autre : l'autre sexuel bien sûr, mais l'autre génération aussi (la psychanalyse a bien mis en évidence que là où *Éros* est passé, la coupure discriminante se fait également vis-à-vis des parents d'une part, vis-à-vis des enfants d'autre part).

Comment *Éros* se situe-t-il par rapport aux idéaux féministes de la similitude de l'homme et de la femme ? socio-démocrates de l'individu sacralisé et du peuple « souverain » ? religieux, du « nous sommes tous des frères » (et ta sœur...? !) ? démago-gogo de « l'égalité des chances » ? humanistes et idéalistes où l'autre ne serait pas vraiment autre ? Ces idéaux sont-ils compatibles avec l'objectalité érotique si attentif à la différence et si friand d'altérité : non seulement, on l'a dit, celle de l'autre sexe, mais aussi de l'autre génération ? On oublie souvent que c'est *Éros* l'ardent discriminateur qui appelle et enseigne à discerner un homme d'une femme, mais aussi exige et rend nécessaire les coupures radicales et l'asymétrie hétérogène des relations entre la mère et le fils, le père et la fille, les parents et les enfants. La clinique des maladies mentales le montre d'abondance : à chaque fois qu'*Éros*, l'inlassable scrutateur et l'intraitable discriminateur, vient à s'assoupir, ou se trouve paralysé par la peur ou la culpabilité, c'est *Psyché*, la grande mélangeuse, qui accourt. Elle entonne alors son cantique : à la Personne ; à l'Homme ; à l'Individu dans sa dualité indivise, c'est-à-dire non sectionnée, sexionnée en homme et femme ; à la Fraternité supposée être fondatrice mais dangereusement oublieuse de la métaphore paternelle en sa fonction de déplacement et d'interdiction du méli-mélo incestueux.

Le père copain, l'enfant roi, l'évêque « fraternel », l'adolescent respectable comme un malade ou un vieillard, le bébé qui est une personne, les aveugles qui sont des mal-voyants, les vieux qui ont laissé place au troisième âge, les morts qu'on escamote, les saisons réduites à l'été : tout cela *Psyché* le comprend, l'accepte, l'analyse, comme elle peut accepter, analyser, tout ce qu'on lui présente. Mais *Éros*, non. Il râle, il tire des flèches et lance quelques ruades, mais c'est un enfant...! Il est fort et violent mais fragile comme un enfant. Alors à la fin il s'en fout, il s'endort et bonjour la déprime. La dépression, fille de *Psyché* la pensive rêveuse, l'idéale vaporeuse, ses adeptes et ses grands prêtres auront vite fait de s'en emparer. Les psychistes se mettent alors à la tâche pour jardiner la folie douce et mélancolique de ceux-là qui ont découragé *Éros*. Réveillons-le plutôt et laissons-le parler à une culture qui risque de perdre sa fécondité à trop l'oublier, à se vouer au culte de l'identique, du semblable, du frère, du conforme, du semblant : c'est-à-dire du spectacle, du look, du pseudo et simili ; de l'identique, c'est-à-dire du reflet et du répété, de la mode et du conformisme. Laissons donc parler *Éros* puisque, pour le réveiller nous lui avons chuchoté à l'oreille : « Mais non ton règne n'est pas fini, la fraternité et l'égalité n'ont pas tué la liberté, des amoureux négligent la mode et le spectacle, des poètes se moquent des best-sellers, des yeux allumés se régalent à scruter des différences. »

Écoutons alors ce que nous dit le joufflu aux pieds ailés : « Ça me fait rire vos histoires d'égalité et d'identité des sexes, des âges, des esprits, des cultures ; ça me fait pouffer, l'amour de son frère ; ça me fait gondoler ce retour aux mœurs tribales où dans la case archaïque tout le monde aime tout le monde et inversement pourvu qu'il soit de sa famille. Je m'amuse en sourdine parce que j'ai pour moi la pulsion, c'est-à-dire la puissance discriminante, l'élan et la vérité, alors que mon pâle reflet, *Psyché*, n'a pour elle que le repos confus, la représentation mélangeuse où se confondent des Individus sans sexe et sans âge, des frères aspirant à devenir clones, des indifférenciés se faisant prendre pour des égaux. J'ai pour moi la choucroute, le cassoulet et la blanquette ; elle, *Psyché*, règne sur la foule indécise des *Mac Donald*. Je suis du côté de la vie, du champ, de la danse, du nouveau, du fécond ; elle est du côté du show, du look, du semblable et de l'inerte. J'éveille, je secoue, j'énerve, j'interviens. Mon sang est rouge, mes poumons écarlates, et je pète de partout. Je suscite par le dedans des séries de révolutions privées. Elle apaise, elle hypnotise, elle endort le client par le dehors, son sang est du semblant, ses hanches sont étroites, ses poumons sont plats et son foie est pâle. D'ailleurs, je vais vous faire une confidence : "s'adresser à *Psyché*" c'est ce que je laisse sur ma porte quand je veux me faire oublier parce que j'ai mieux à faire ailleurs. »

Un peu interloqué, je lui réponds : « Tout de même, il faut bien réfléchir, penser, se voir, savoir ; se représenter comment faire puisque tout est si compliqué, si difficile ! »

Il me coupe : « Si compliqué, si difficile ! Laissez-moi rire encore. Ce qui vous complique tout, ce sont les livres que vous lisez, ces recettes que vous demandez à des vendeurs de savoir démunis de sapience, c'est-à-dire de savoureuses connaissances. Alors ils vous disent, ils vous écrivent tout cela : comment parler à son bébé ou à son fœtus ; de quelle manière les tripoter ; comment s'adapter à un enfant ; comment faire le grand tour devant un adolescent ; comment manger sans grossir, grossir sans manger ; par quel procédé plaire à une femme, par quelles caresses précises la faire jouir, où, comment, à quel moment ; comment et quand avoir ou ne pas avoir un enfant ; comment le faire garçon ou fille, brun ou blond, handicapé ou génial ; ensuite comment lui parler (c'est une personne...), le tripoter (c'est un corps...) le soigner (c'est un malade...) ; l'alimenter (c'est un anorexique, un boulimique, une usine chimique, un tube à calories...) ; le faire jouer, avec quels jouets, de quelle marque (un enfant ne sait pas jouer...) ; comment s'adapter à lui (c'est-à-dire en dépendre, se dissoudre pour s'y fondre si on est la mère, s'éclipser si on est le père). Comment supporter l'adolescent (qui est une sorte de malade génial qu'il faut respecter en chuchotant ; d'utiliser la grosse voix ne lui vaudrait rien...) ; comment manger sans grossir (parce qu'il faut tout annuler dit *Psyché* qui veut que rien ne dépasse, qui ne veut voir qu'un seul ventre, qu'une seule paire de fesses...) ; comment grossir sans manger (parce qu'il faut tout annuler...) ; comment plaire à une femme (ce qui plaît à une femme c'est ce qui est bien fabriqué, bien préparé et bien pensé : un look clean, un baratin au point... Vous avez dit charme ? Quel charme ?...) ; ou combien de temps la caresser (il faut pour cela avoir lu Zwang et connaître son signe du zodiaque avec les ascendants et tout...) ; comment lui faire un enfant (façon Jean-Paul, façon sexo, façon éprouvette-paillette-porteuse, façon Freud, revue Lacan, revue Dolto, revue Machin... Façon féministe : sans père ; façon scientiste : sans mère) ; comment lui parler (c'est une personne...) J'arrête là ; on pourrait continuer longtemps, mais ça ne m'amuse plus ; ça finirait par me fatiguer ; d'ailleurs ça me fatigue ; je m'endors ; à demain matin, à l'heure où *Psyché* dort encore mais où le soleil se lève en même temps que je réveille le désir des hommes. »

L'énergumène ! Quelle faconde, quelle fécondité verbale, il faudra que je pense à tout cela, dit gravement le psychiatre que je suis aussi. Ollé, dit l'autre !

Et voilà que je me dispute ! Le psychiatre, l'homme de réflexion, court à la défense de *Psyché* et de ce qu'elle représente en stabilité et en clarté dans la vision des hommes sur eux-mêmes et en régulations automatiques et simples dans leurs rapports. Il en appelle au savoir comme adjuvant à la connaissance, à la représentation comme introduction à la présence, à la science s'accordant parfois à la sapience.

Et puisque ce psychiatre a lu Héraclite et Lupasco il ajoute : « *Éros* et *Psyché*, l'amour et sa représentation, sont antagonistes et nécessaires l'un à l'autre comme la nuit au jour, l'homme à la femme, le feu à la vie. » S'il en appelle à Éros c'est pour subvertir et vivifier la pensée plane fondée sur l'identique, volontiers assimilatrice, abusivement spectaculaire qui semble surtout nous gouverner à présent.

Je proteste au nom d'*Éros* contre l'idéalisation et l'idéologisation du frère, de l'individu, de l'identique, du conforme, du clone, du semblable. Je ne méconnais pas la valeur apaisante de ces projections et réflexions. Je veux signifier que le bonheur dans les rapports humains n'est pas, d'abord et essentiellement, une question de droit entre des individus supposés identiques mais bien d'amour, c'est-à-dire de curiosité ardente pour un autre recherché et reconnu comme différent, étrange, étranger, « prochain » mais non semblable.

Sans doute le bébé est-il « une personne » comme vous et moi, mais aussi et de manière antagoniste, un être bigrement différent, massivement étrange, bien loin du « personnage » que nous pourrions imaginer par la projection abusive de ce que nous sommes nous-mêmes. Certes l'enfant, l'adolescent a besoin qu'on se le représente avec respect, mais aussi, et de manière antagoniste, qu'il perçoive ses interlocuteurs, singulièrement ses parents, comme désirant d'un autre désir :

autre par la génération, autre par la fonction parentale, autre par leur place et leur parcours dans le flux de l'Histoire. Certes la femme et l'homme sont des individus de même espèce se réfléchissant dans la même psyché mais on sait bien comme la pression antagoniste d'*Éros* les révèle dans leur radicale différence et disymétrie.

Alors qu'on ne fasse pas à l'auteur de ces pages le procès de celui qui donnerait une part trop belle au désir érotique dans sa vérité discriminante et négligerait les projections planes, les représentations assimilatrices et généralisantes du savoir et de l'apparence fugace. J'ai seulement réclamé le respect de l'antagonisme vivant et joueur entre *Psyché* et *Éros* ; l'attention au désir et à sa face verbale la parole. J'ai opposé la joie de connaître l'étranger, qu'il soit bébé, conjoint, voisin de palier ou habitant des antipodes, à l'illusion d'emblée reposante mais à long terme dangereuse où l'autre serait ravalé en semblable et objet de droit et de savoir. Que les juristes et les prêcheurs de morale s'expriment ! Moi j'écris un livre d'amour !

Savez-vous comment on fait des enfants ? On vous a sans doute expliqué qu'ils se trouvent tout naturellement dans les choux, ou bien qu'on les achète à la maternité suivant les bons usages du commerce ; ou que la cigogne les amène à tire d'aile selon le plus planant des procédés. Explications naturelles, platement commerciales, hautement fantasmatiques : tout cela, apprenez-le, n'est que fariboles destinées à vous faire éviter une vérité autre beaucoup plus osée qu'elle en a l'air et pleine de fortes significations : on fait des enfants en faisant l'amour, c'est-à-dire, par les œuvres d'*Éros*, et non celles du sentiment réfléchi dans *Psyché*. C'est *Éros*, l'énergumène faiseur d'amour, créateur de nouveautés qui impulse la procréation des enfants.

Ceci, me direz-vous, n'est pas un *scoop*. Vous savez bien,

depuis l'âge de cinq ou six ans que c'est par l'amour que viennent les enfants ? Oui mais, précisément, quel amour ? Celui des différentes formes de « planning familial », psychiquement réfléchi, savamment calculé, précisément représenté dans un plan d'existence en vue de la reproduction de soi-même en temps voulu, selon un organigramme où bientôt, par la grâce du génie génétique ne manqueront : ni le sexe, ni la couleur des cheveux ou des yeux, ni le caractère ou l'intelligence ? On envisage même, pour ces reproductions sous le signe de *Psyché* la réflexive, une mise en stock de clones embryonnaires du nouveau-né, congelés à tout hasard pour le cas où l'objet reproduit (l'enfant) serait entaché d'une quelconque imperfection qu'il y aurait lieu alors de réparer en puisant dans le frangin cloné. Dans cette reproduction psychiquement pensée, où le couple parental fabriquerait donc un produit selon une régulation optimisée, comment ces enfants de *Psyché*, voulus, pensés, fabriqués, se différencieraient-ils des enfants de l'amour ? Sans doute comme une production par rapport à une trouvaille ; comme une reproduction par rapport à une création originale ! Le fils, la fille du « soi-même » des parents auraient bien des chances d'être marqués par la fixité et le redoublement de ce même : mêmes que les parents, mêmes que les autres enfants de la famille, mêmes aussi que les enfants des autres familles adeptes de cet amour représenté, de cette *Psyché* duplifiante et faiseuse de semblable. Peut-on alors parler de fécondité au sens strict ou plutôt de production et, si elle se fait en nombre, de productivité ?

Une récente étude pratiquée à la demande d'un grand hebdomadaire a mis en évidence l'extrême conformisme des enfants et des adolescents de ce temps. N'est-ce pas d'être né sous le signe du plan et du psychisme réfléchi et assimilateur qui en aurait fait ces amateurs de conformité, d'adaptation et de similitude ? Les goûts spécifiques par minces tranches d'âge, l'intérêt pour le look, les fringues, l'usage d'un langage « basique » ne pourrait-il pas s'expliquer par cette victoire contemporaine mais j'espère provisoire de *Psyché* sur *Éros* que j'ai déjà évoquée ? Le temps superbe des originalités provocatrices, des fantaisies échevelées de l'esprit, des « enfants ivres » de Baudelaire, des dix-sept ans « pas sérieux » de Rimbaud ne seraient-ils pas devenus l'âge des similitudes stéréotypées, des mini-modes et micro-ressemblances à l'image des plannings psychiquement raisonnables qui ont présidé à leur venue au monde.

Il en irait peut-être de même de l'actuelle sous-natalité. Une vue simpliste l'attribuerait seulement aux effets directs des différentes formes de contraception. Il faudrait y voir sans doute aussi l'effet indirect d'une « psychisation » de la reproduction : « avoir un enfant ? Nous y réfléchissons, nous allons y penser » ; « cet enfant était prévu, ce n'est pas un accident ». La mise au monde considérée comme réflexion qui ne pourrait être troublée que par un « accident » ne peut tendre qu'à une reproduction, un redoublement, une duplification de soi-même. On comprend que ce fruit de la réflexion, comme il en serait d'un chef-d'œuvre, est orienté vers l'unicité. L'enfant de *Psyché* vise à la perfection formelle et donc à la représentation unique ou du moins en très petit nombre : le plus souvent un exemplaire mâle, un exemplaire femelle. Par contre, les enfants d'*Éros*, nés dans le courant d'une histoire imprévue indéfiniment renouvelée, déployée, s'imposent au couple dans leur singularité multiple. Les enfants de l'amour souvent conçus dans l'obscurité d'un élan, dans l'inattendu et la nouveauté d'une métamorphose, d'un méandre ou d'une résurgence de la vie amoureuse de leurs parents, se trouveront marqués de cet imprévu et de cette nouveauté. On pourra parler alors non de reproduction mais de procréation. L'enfant ainsi créé dans une nécessité peu réfléchie du croisement de deux *Éros* ne sera le semblable ni de ses parents ni de ses frères ou sœurs ni de ses congénères. Les amants vivant en couple institué en mariage ou engagé en liaison durable, ne réfléchissent pas, évidemment et heureusement, à tout cela... Il me semble cependant que s'explique ainsi le caractère multiple et pour chacun singulier des enfants issus des couples qui s'aiment d'amour. Le Fleuve Amour dépose dans son lit tout au long de son parcours, les signes nombreux et dissemblables de ses débordements, de ses crues, de ses doux méandres ou de ses résurgences métamorphiques.

On comprend aussi que ces enfants, fruits impensables et impensés du « soi-autre » des parents, puissent à leur tour « rétroprocréer » sur ceux-ci, à cause même de leur dissemblance et de leur hétérogénéité, un effet rétroactif de fécondité. Les parents font les enfants mais les enfants « défont » et « refont » à leur tour les parents. Il n'est pas besoin de beaucoup insister sur l'effet de nouveauté, de déplacement, de mise en question dans la vie du couple quand survient une nouvelle naissance ; la nouvelle donne qui s'ensuit ; la « déplannification » familiale qui s'opère alors.

Suis-je en train de faire l'apologie des naissances dérégulées, de la reproduction dite naturelle comme certains groupes sectaires ou religieux en font la promotion simpliste ? Si vous le pensez, c'est que je me suis bien mal fait comprendre puisque c'est précisément le contraire que j'ai à l'esprit. N'y a-t-il rien de plus « psychique » que cette volonté de se soumettre à une idéologie concernant la venue au monde des enfants. Si *Éros* procrée de cette manière, énergumène et désinvolte, c'est non dans l'abaissement de soi-même devant des règles (souvent édictées par des célibataires) mais bien dans la nécessité joyeuse et dans les débordements imprévus du « soi-autre ». Il ne s'agit pas là de maîtrise psychique mais de souveraineté érotique.

# 8. Perspectives

Je vous entends : « Idéaliste, perfectionniste, utopiste exigeant ! » Je n'ignore pas « que tout amour soit à douleur ». « La vie c'est par moment », écrivait Georges Peros. L'amour aussi : par moment et différent selon les moments. Il existe, je l'ai rencontré, même si je n'y tiens pas mes assises permanentes et intemporelles. Je ne m'y situe pas en extase continue, en lévitation planante. L'existence amoureuse n'est pas un état d'âme stable, une fixité idéale de l'esprit mais précisément une existence, l'ai-je assez dit, au cours métamorphique, métaphorique comme une démarche historique, comme les divers modes d'une narration. L'amour comme « état » ne se produit que sous la forme soit d'instants intemporels, soit de mythes éternels : soit dans la fulgurance de l'énamoration qui n'est à l'amour que ce que la semence est à l'arbre ou le Big Bang à l'univers ; soit dans l'intemporalité de l'extase mystique.

On remarquera d'ailleurs que l'amour non-stop permanent, planant et absolu auquel se réfèrent différentes religions, ne peut se tenir en cet état que dans une perspective mythique plaçant *Éros* hors-jeu. Jouissance extatique des paradis, géhenne définitive de l'enfer, fécondité glorieuse mais asexuée des différentes vierges-mères : rien de tout cela ne se déroule à la manière d'une histoire d'amour amoureux, c'est-à-dire dans la passion, le bonheur, la peine, la jalousie, la fureur, les déplacements, les retrouvailles.

Et pourtant, pour ce qui est du christianisme, si les mythes et les dogmes sont fixés dans un statut éternel, « sacrés », intouchables, par les Églises, il n'en va pas de même des récits fondateurs. L'Histoire sainte, ce long récit que nous livre la Bible, peut se lire comme une longue histoire d'amour, pleine de bruits, de fureurs, de passion, d'alliance, de rupture, de retrouvailles entre un Dieu et son peuple, un peuple et son Dieu.

Le Dieu allié, jaloux et passionné apparaissant dans l'Ancien Testament, le Dieu familier et dérangeant qui se révèle dans les évangiles, n'existe-t-il pas à la manière d'un amant et son histoire avec les hommes n'est-elle pas comme une existence amoureuse, pleine d'ardeur, d'espérances, de déception, de trahisons, de reniements, de passages dans les abysses, de résurgences, de Résurrection. Le Dieu incarné en Jésus n'a-t-il pas eu une existence ardente et passionnée, animée, se déployant à travers de multiples déplacements dans l'insistance, la colère, les trahisons, les pardons. Le Cantique des Cantiques ne chante-t-il pas l'amour entre Dieu et les hommes par la voix d'un amant brûlant et hardi, aussi insistant dans son désir, que précis et osé dans ses formulations.

Alors n'y a-t-il pas une religion que l'on pourrait dire « psychique », paradigmatique, englobante, plane, totalisante, anhistorique et donc en cela antiérotique : elle fixe les mythes narratifs en mythologie dogmatisée et éternelle. N'y aurait-il pas aussi une religion mythique, mystique, s'inspirant de la vertu et de la vérité narrative du récit biblique lu comme une longue histoire d'amour entre Dieu et les hommes. Je devrais dire plutôt : entre Dieu et chaque homme et femme en particulier puisque, dans cette perspective, c'est d'amour qu'il s'agit et non d'une sorte de tutelle administrative sur une masse d'individus supposés semblables, c'est-à-dire inexistants, insignifiants, soumis et inaptes à la trouvaille intime de la vérité.

Mais ces perspectives philosophiques n'ont pas leur place dans ce livre d'amour sinon pour élargir brièvement le sujet et illustrer comment *Psyché* manifeste, jusque dans les cultures, son goût démesuré pour faire pâlir, pour aplatir et pour couper les ailes à l'énergumène rose, joufflu et volatile.

C'est pourquoi, à la dernière page de cet essai d'amour où j'ai tenté de mettre en évidence la nature fluviale et narrative du sentiment amoureux, son cours inattendu et indéfini, son caractère de « roman inachevé », je ne me résigne pas à écrire le mot :

FIN

J'écris, par préférence et par conviction, un autre mot dont la sonorité est proche : il dit l'attente et le désir, l'impatience et la promesse, l'insistance sans détour ; il en appelle au mouvement et à l'élan, il ne clôt pas, il ouvre. J'écrirai donc ; je crierai vers l'avenir :

VIENS !

# Table des matières

## 1. PRÉLIMINAIRES INTERROGATIFS ET PRÉAMBULE ASSURÉ



## 2. L'AMOUR, SPÉCIALITÉ HUMAINE

3. LE RÉGIME AMOUREUX



4. L'HISTOIRE D'AMOUR

## 5. L'AMOUR EN PANNE



## 6. LA FIDÉLITÉ



## 7. LA FÉCONDITÉ



## 8. PERSPECTIVES

*2e édition - 6e mille*
Achevé d'imprimer le 2 mai 1990
dans les Ateliers de Normandie Impression s.a. à Alençon (Orne)
pour le compte des éditions Desclée de Brouwer.
Dépôt légal : mai 1990

*Imprimé en France*